Introducing PuzzleWhiz: Your Weekly Brain Boost!

Are you ready to supercharge your brain, sharpen your mind, and have a blast doing it? Welcome to **PuzzleWhiz**, your ultimate companion for weekly mental challenges that are as fun as they are brain-boosting! Designed to keep your mind sharp and entertained, PuzzleWhiz is the perfect way to unwind while giving your cognitive skills a serious workout.

Why Choose PuzzleWhiz?

- **Fresh Challenges Every Week:** Each issue of PuzzleWhiz Word Search is packed with a new set of thrilling puzzles, No two weeks are the same, keeping you on your toes with fresh challenges designed to engage and excite.

- **Scientifically Proven Brain Benefits:** Did you know that solving puzzles regularly can improve memory, enhance problem-solving skills, and even boost IQ? PuzzleWhiz offers a fun and engaging way to keep your brain active, with puzzles that are scientifically proven to benefit mental health.

- **Perfect for All Ages:** Whether you're 8 or 80, PuzzleWhiz is designed to challenge and delight every puzzle enthusiast. It's the perfect way to spend quality time with family or enjoy some well-deserved "me time."

- **Stay Ahead with Monthly and Yearly Subscriptions:** Don't miss a single issue! Subscribe monthly and get 4 exciting issues delivered straight to your door—or go all-in with our **Yearly Bundle** of 52 issues, including a special edition that you can't find anywhere else!

- **Exclusive Special Editions:** Our annual subscribers receive a **Special Edition** packed with bonus puzzles, expert tips, and exclusive content that takes your puzzle-solving skills to the next level. This edition alone is worth the price of admission!

Your Subscription Options:

1. **Weekly Thrills:** Grab your PuzzleWhiz every week and enjoy fresh, exciting puzzles that will keep your brain buzzing.

2. **Monthly Bundle of 4:** Save more and stay ahead of the game! Get a bundle of 4 issues delivered each month, ensuring you never miss a week of mental fun.

3. **Yearly Subscription with Special Edition:** The ultimate package for puzzle enthusiasts! Get 52 weeks of PuzzleWhiz plus a collectible special edition that celebrates the very best of brain challenges with exclusive puzzles, brain-boosting tips, and more.

Don't Just Play—Train Your Brain with PuzzleWhiz!

With PuzzleWhiz, every week is a new opportunity to challenge your mind, improve your cognitive skills, and have a blast doing it. Our puzzles aren't just games—they're brain workouts designed to keep you sharp, focused, and ready for anything life throws your way.

Why PuzzleWhiz and What does it offer?

PuzzleWhiz isn't just another puzzle book—it's your gateway to a world of endless mental challenges, creativity, and fun. Whether you're a seasoned puzzle solver or just looking for a way to keep your mind sharp, PuzzleWhiz is crafted to be the perfect companion for everyone.

Here's why PuzzleWhiz is the best choice: Puzzles are more than just a pastime; they are powerful tools that challenge and stimulate the human mind. From word games to number challenges, puzzles engage cognitive functions, enhance problem-solving skills, and boost mental agility. Research shows that engaging in puzzles can improve brain function, memory, and even delay cognitive decline, making them invaluable for people of all ages. Below, we explore a variety of puzzles and their specific benefits to the human mind and life.

Word Search

A word search is a puzzle that requires players to find hidden words in a grid of letters. Words can appear horizontally, vertically, or diagonally.

Word searches are simple, yet addictive. There's nothing quite like the thrill of spotting a tricky word hidden in plain sight! From quick 5-minute puzzles to deeper, more challenging hunts, this book will take you on a journey through themed words you'll love. Grab your favorite pen or pencil—let's get started!

Importance: Word searches improve pattern recognition, vocabulary, and spelling skills. They also enhance visual scanning and focus, which are critical skills in everyday tasks. Studies have shown that word search puzzles activate the brain's language and memory areas, contributing to cognitive resilience (Smith, 2020).

Tips to Tackle Word Search Puzzles Like a Pro

Here are some tried-and-true tips to help you master these puzzles:

1. **Give the Grid a Quick Look:** Skim the puzzle first to see if any words jump out right away. It's a good way to get the momentum going.

2. **Start with Unique Letters:** Words with unusual letters—like X, Z, or Q—are easier to spot. Zero in on those first.

3. **Think in All Directions:** Words can run vertically, horizontally, diagonally, or even backward. Stay flexible!

4. **Mark as You Go:** Cross out words once you find them—it keeps things neat and avoids confusion.

5. **Use the Word List for Hints:** If you're stuck, go back to the word list to break it down. Look for starting letters or clusters.

6. **Take Breaks if Needed:** Don't get frustrated, sometimes stepping away and coming back with fresh eyes makes all the difference.

7. **Watch for Overlaps:** Keep an eye out, some puzzles are sneaky with words sharing letters!

Why Word Search Puzzles Are Amazing for You

Solving word searches isn't just fun, it's actually great for your brain and well-being!

- **Builds a Better Vocabulary:** You'll learn new words and strengthen your spelling without even realizing it.

- **Improves Focus and Attention:** Word searches train your brain to focus, ignore distractions, and stay on task.

- **Strengthens Pattern Recognition:** Spotting patterns in puzzles carries over to real-life problem-solving skills.

- **Relieves Stress:** There's something incredibly relaxing about getting lost in a good puzzle—it's like meditation!

- **Keeps Your Brain Sharp:** Word searches keep your mind active and may help prevent memory loss over time.

- **Encourages Quick Thinking:** The more puzzles you do, the faster your brain gets at finding solutions.

- **Brings People Together:** Whether you're competing or collaborating, solving puzzles with others makes for great bonding moments.

This book isn't just about finding words—it's about finding joy, challenge, and a sense of accomplishment. Each puzzle offers a mini-adventure, and with every word you find, you're training your brain to think sharper and faster. So what are you waiting for? Dive in, enjoy the hunt, and watch those words come alive!

Happy puzzling!

Subscribe today and become part of the PuzzleWhiz community! Weekly excitement, monthly bundles, and yearly specials await. Don't miss out—your brain will thank you!

References
- Smith, A. (2020). The Impact of Word Search Puzzles on Cognitive Function. *Memory and Language Journal*

SUBSCRIBE

PUZZLEWHIZ

Name:

____

Address:

____

____

Postcode: ___________   Phone: _________________

Email: __________________

Subscription

Weekly ☐   Monthly ☐   Yearly ☐

Please fill the form and send it by email to:
PuzzleWhizPub@gmail.com

Payment Information will be sent to your email and phone.

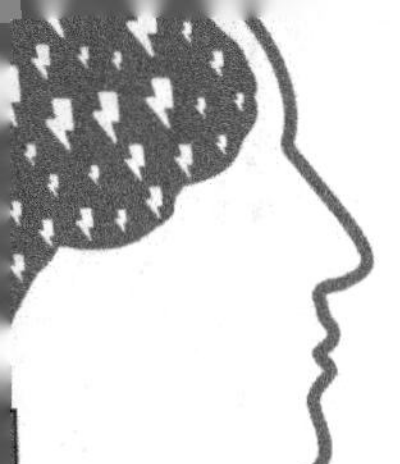

Puzzle # 1

```
G N I W E I V P R E D I S P O S I T I O N D O
I S U M I N A U Y D U X V E J L P C R X R N T
F H X A L E R U S E L U Y C X A Y O E D E O M
R J K U I U K K Q S L X G F X M R V T L V I P
P S D S G I S E R O A F R U K S O I S B I T A
C H E X A M P L E P G A T J M Z E S A A T U R
P R O S O C I A L X U N U D H J H U M P A L A
V E X M F X L R I E W T W W E Z T A E F L O N
T W A C T I V I T Y U A Q A Z R O L J R P S O
N D R W K T N K U J O S Z Y D I D I U O M E I
M N E X Z E R B S F J Y W E N D U Z H A E R A
D E L C I R R O A M G Z I M U Y G E N N T H X
F S E W W G Y G U E C A Q C V D H Q S X N S D
U S A F M E R H C T T R U S T I N E S S O V O
O D S K B R U F S C E C N E G R E V I D C Z Z
R D E T A C H M E N T S X I T Z Z H B E J Y J
Q O F D M U L T I P L Y T H V G Y T A K R A S
Z W Q K E Q S G U U A G M J F Y M P F M W V Q
```

THEORY	VISUALIZE	REGRET
FANTASY	RELAX	PARANOIA
EXAMPLE	TRUSTINESS	ACTIVITY
MULTIPLY	EXPOSE	SHREWDNESS
MASTER	PROSOCIAL	DIVERGENCE
CUDDLE	DETACHMENT	CONTEMPLATIVE
ANIMUS	VIEWING	RESOLUTION
PREDISPOSITION	ROUTES	RELEASE

```
N R E C S I D L L H T G N E L E V A W H T B X
X Y B C O M B I N E R E S I L I E N C E Y N S
N H S P O N T A N E I T Y I F N Z U S Y I O L
J U E P I P H A N Y T B J N W S V O U M I I O
V D R F F Y S U R P R I S E O X X R I R X T W
Z E H S E A A K N V N A S O O I K H A S K A X
W L V J I C I D P K M R E F Z I T N A W U I U
G Z O I N N M U T E W D L R K B E P Z Z Z R N
H T X R T N G O Z B H O F G O C T I E J X A R
S V B C T C B O J M Y R C S S H D O W C V V E
V O I C E N E Y Q T A S O R H E D Q K E E Y S
L C V L W T O P Y S Y T N K A W M A Q I R R O
O A G R S W C C S O Y G C S B P P H P O T M L
N J Y H B C Z I F R V Y E B O T G Z T B I S V
V I S U A L I Z E L E D P J T L P S A G M Q E
R I D Q E Q K Z R R R E P T B N Y G I W Y A A D
F A C O N O I S S I M S N A R T G P M J T B U
N O I T A T L U H A X E V I S U A L I Z I N G
```

SPONTANEITY	VISUALIZE	VOICE
EPIPHANY	VISUALIZING	NURSING
EXAHULTATION	ARDOR	SELF-CONCEPT
WAVELENGTH	VARIATION	JOB
IDEAS	RESILIENCE	TRANSMISSION
UNRESOLVED	SELF-CONTROL	SCENARIOS
SURPRISE	DISCERN	COMBINE
PERSPECTIVE	RECEPTION	STORY

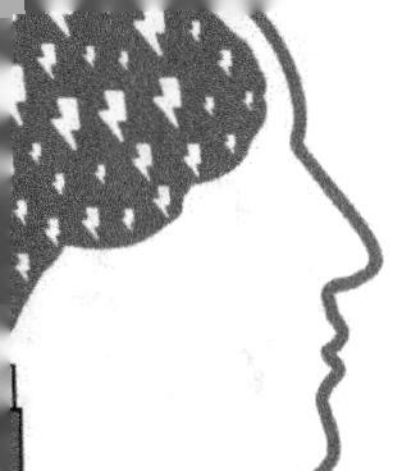

Puzzle # 3

```
E X A O G S L H Y N O M R A H Z S H X X I G H
S K H E N Y E G C K O R A F H Q P U W A S G E
I R X X I N T U A P R O X I M I T Y Z M Y I S
V E Q A T C D I N G N I M U S N O C E M I T T
D E D M A H X D O S T N O I T A N I M A X E A
A V U O N R E I I E F A M I L I A L Z L H T B
G I I U I O M N T C C X P R E M I S E U D C L
G T V R M N S G A R F V G F Q M Q I K Q E U I
G C E R I I E B Z E M K A W C R Y K W U N D S
Q U X P R C K Z I T I S L U W O F T S R I N H
Y R G D C I I J R I L X I M G T L J U O B O M
S T G P S T C H O V B A C S A S G R W D M C E
Z S S X I Y O Y G E R U N Q S N H N X Q O T N
A N M E D A Y X E C Q Z Q O D I L K I C C E T
I O V X N B J S T V N V R I S A C P K K S D V
Y C N T U O R U A O E J Z L B R B R T O A M L
T E J Z T G H O C Y Y N Q I P B E I A R Y M V
U R E X L A N O I T O M E R I N N P G N S R J
```

BRAINSTORM	DUTY	ADVISE
EMOTIONAL	CATEGORIZATION	TIME-CONSUMING
NARCISSISM	PROXIMITY	RECONSTRUCTIVE
GUIDING	PERSONAL	EXAMINATION
HONESTY	MAKING	PREMISE
COMBINED	CONDUCT	HARMONY
SYNCHRONICITY	ESTABLISHMENT	FAMILIAL
DISCRIMINATING	AMOUR	SECRETIVE

Puzzle # 4

```
G T M E X C H A N G E C D V T E R T S I W T I
D C S Z H E U R I S T I C V V H E E F P B I M
F G O Q E C A F R E T N I V C F G V T A O E R
F A N F L N T E A P S S M X V N S I I J A D Q
B T N F O A G M A S S O B P B E L N L K B E U
D S P T D R C I A V X H X R S N O C S Z O W M
S U W F X D T I S Y S E V I S S E R P X E V Z
S D T I C P L C T E I Q R V R E M E D I E S I
D D R L Y F E R L Y D C A A I T U W Z R L T A
M E O P A R F E A G L R F C X I R I B U R U M
F N X U U P T I N Q R A U Y S O E J B S D N A
Y T Q T B B R Q G L B L N L A W A C I N A M S
S L G Y I C A C I U T R E A R V W G Z Q C I L
E A E E E G E J S I E Q S P M S E W Q V U A O
H E F G Z Y H K R E C O N C I L I A T I O N W
V P U B U E U T R V Z D H W B O N D I N G R V
I P Y U M J F R E S P O N D H Z A V F B M Y I
W A B E G U I P G D E D U C T I O N J L X X Q
```

SIGNAL	CRISES	BOSS
REMEDIES	TIGHT	LIGHT
DESIGN	PRIVACY	DEDUCTION
BONDING	SUDDEN	EXCHANGE
UPLIFT	MASLOW	TWIST
MANIC	APPEAL	INTERFACE
HEURISTIC	RESPOND	RECONCILIATION
ANALYTICAL	HEARTFELT	EXPRESSIVE

Puzzle # 5

```
S A P U D Y R I L U Q T D W U G P D I S M D C
C M P X S E L F C O N C E P T M T S K B L H Q
G Z Y F L P A I N X N G I A K H O N Q M U Z U
H E P T Y M O N O T U A M A D O I R E P F D P
Y M L E H G L Y F Q B S P L G U I D A N C E F
M N P T U A D G E V L M R A S V O C A H A Y S
E P U F N W E B E M R B I D T G Q B C I K J O
T I B A D E X S L A Z Q N G A T T R C W A D X
H B Z C L Z G A I X L Y T Y J K B A O Y G S H
N X Q I T D C I N V J G S M G A L S M B G D C
I Y T L Y T C B G I D M V A L A E G M U R Y W
C E R I P I M O X P I A Z A R Q S N O C E Z H
I R T T K Z P P N N W N U R A I I D V S I B
T N I A R T S P D E M C T E G C M W A F S D U
Y K S T Y E V S P L E L R G K A E S T D I Q B
F J C E S G E H C F U E V G G I R L I K V S O
X V N H B T L V U C Z C F K Q U P E O L E C H
V D E T A L O S I C O M P L A I N T N E J Y V
```

MINDSET	AGGRESSIVE	GENTLE
AMYGDALA	GUIDANCE	SWINGS
PAIN	FACILITATE	AUTONOMY
PREMISE	ETHNICITY	PHOBIAS
IMPRINTS	ACCOMMODATION	CULTURAL
ADVISE	SELF-CONCEPT	BALANCE
MYTH	STRAIN	COMPLAINT
FEELING	PERIOD	ISOLATED

Puzzle # 6

```
R S F N O I T C U D N I O C X S O H Z G N W C
H S C S T I M U L A T E U D Y U M G X H E X U
O E T E C S I N I M E R A B V B F A D P O E N
D N N Y A V B N I Y F R C Y X L T R P X I O I
E T A E X L A N D S C A P E S I X M R P I R D
R H S U L I M P U L S E Z C V M T C R T I E W
U G S R Z E R U S A E L P R E A H A A G B N S
T I E E L B A I R A V Q P I R T T M P A C Y G
C R R W U I E M X Z S Q S H I I R B T P N G D
U P P T N E M E V L O V N I O O O E D M P F Y
R U E H X C S N P C P N H N F N S Y P U C P L
T V D P F F E T Q G E X A S Y J S Z W Y F D E
S C I J F O G F A W R L N Y R T E V P K H L S
K A T X E R N T G A I A H N H M R F K I I O I
D Q N Q X M A M L T R Y K Y P C T T D Q N X C
B W A X M A H O Y T I B M S F Y S C U V S Z E
P N J J O L C E Z N V I A M B O T T O M U P R
L A N O I T A R R I A E X P L A N A T I O N P
```

MAPPING	IMPULSE	DEBATE
VARIABLE	STIMULATE	STRESSOR
INDUCTION	EXPLANATION	TRANSFORMATION
REMINISCE	IRRATIONAL	RATIONALITY
PRECISELY	PLEASURE	UPRIGHTNESS
CHANGES	BOTTOM-UP	LANDSCAPES
SUBLIMATION	INVOLVEMENT	DYSTHYMIA
FORMAL	STRUCTURED	ANTIDEPRESSANT

Puzzle # 7

```
P I E E V I T C E L L O C C A C K T P L J N W
N T C G B Y L P Y J Q G D S A Q M F U G Y T C
O J N B L C R S T E N P E P S O U L M A T E W
I S A A G O H Q N I C R P P D N F O O M R J I
T X V R B Q V A E I D R V V J Z R L K R A N H
C J I L G C M B Q P O X L A K P O E E C C L O
A N E U P U L B T X V B Y L J N L N A O E F K
F M C X H L Q S I Q G Y Q F A O V A H L M V U
S L R M E R G M C G D A J H L I V F N V I I Y
I R E W F K A F W I O B J M E S T T N N J S T
T I P G M T A F A S F G H U D S H N R H E J M
A K S C I M T K O N W I C C O E K U E I X R M
S Z Y O I Z H L K Y C T C L M S Z Y I T C R M
Y X N L O A E D P P X Y B E B Q I V S U O K E
N M I A B S T R A C T I O N P K K Y Y F K P Y
G A O I F H A V I A V I K B F S E M E Z S M N
L N T T V J Q E T S Y N T A X Q U R F Y O N J
O O R I N T E R P R E T I N G A Y I T O A F I
```

COLLECTIVE	SATISFACTION	PERCEIVANCE
MODEL	SYNTAX	FAMILIAL
SESSION	TRICKY	REALISM
ABSTRACTION	HUMANE	REFORM
INTERPRETING	POTENTIAL	TRACE
SOUL-MATE	HABIT	SPECIFICS
PROBLEM	APPROXIMATION	FANCY
WELLBEING	THETA	PLANNER

Puzzle # 8

```
Y T M Q R N N O I T · A C · I F I · T A R G I
U X B X L F O X Y B O E O V C X T W S R P N V
Z U N O E V I T C E R I D O E F T Y S Q F A R
K G O A S C R E Q Q X I N Z A T S C W O U O A
F I I O B S B U A W O U O L Z E T M R E N M Y
W G T R H E L D S G N P L D U G V M R I Q B X
Y K U E X N H L P D U A T G I M A A G O D E X
M K C W B W X V R D C I I I F L N K P B N Q L
V G E L J E U U A Y Q T L B C M U L T I P L E
M J X Z T Q M O Y R A L Q T I A U E E Z O G U
I L E R S M L P E F B W E I V S L E N I F E R
N X O U I H L H E M I S P H E R I C R A T C S
D C B Q S L M L C N M I N S O M N I A T Y E J
S L F W S S A G K B C F B V Z U Q P I M U F I
E M A K A T W F T N T N L S H R O F S L V W E
T L A C I T E H T O P Y H O X K O V A S H C W
V X U O B H L L J B I R Z S R O Q V M U D L O
X T N T L U C I F F I D M H R L C L P E X R R
```

MINDSET	VIEW	DIFFICULT
FALLACY	HYPOTHETICAL	BOSS
ELATION	CONUNDRUM	CORTEX
GRAT·IFI·CA·TION	ASSIST	FATIGUE
REFINE	GUILT	LOAD
DIRECTIVE	INSOMNIA	HEMISPHERIC
VALUES	EXECUTION	INFORMAL
NORMS	OPTICAL	MULTIPLE

Puzzle # 9

```
R Y P R Q A F C W R N E K A T N I E F V F V Y
I O F E E D B A C K G N I T A L U D O M Y D R
N H U X E H T Q Y R A T E I D A I Y M E T H B
O T Z T Z G N I G R U P W U Y I S S L A V I R
I S F G I I C V F H N G G U A K G R A L J X J
T F T Y F N I A I G L A T S O N N A L X T M V
A Y M R D F E S C A F F O L D I I C F O R Y M
Z Z R E U U B S L A B R E V K F L I O Y Z U H
I Q S S O P A M M E L I D Y K S E N R O L U A
L C I T P A N Y S G V X W E B T E G G T L P U
A C O O R W I N A I K I F O L S F R I G I D N
U A K R M Q C T I F H I T N T N U T V T R A C
S N S A B P V W K R T V K P N U K A M E A F T V
I H V T H A N K O S N Z Z D E S G E N H J B X
V N O I T I B I H N I C R M K V I M E S W J C
R P O O C A I J P G C T X I F Y N O S M Q M S
Z T C N M O D M U I S S N S O W B I S Z X T P
K Z I M Q P W D E N L G W Z Q A A R Q S C H Q
```

VISUALIZATION	SYNAPTIC	GIFTS
FEEDBACK	INVENTIVE	PURGING
MEMOIR	FORGIVENESS	RACING
DILEMMA	INTAKE	EUPHORIA
RIVALS	SCAFFOLD	MULTI-TASKING
ROUTINES	RESTORATION	FEELINGS
INHIBITION	MODULATING	RIGID
NOSTALGIA	VERBAL	DIETARY

Puzzle # 10

```
D L B T N O I S U L C N O C I S P R U S Y F S
Y A H F X G M K N C M P K R Q E B M N T R C R
N P G N I Z I L A T N E M E G E J W I Q A C M
Y P Y S O E A H P L A A Y V E K X U F M M O Y
T R T U U O F F A U B S V I A I H P I N M Z R
F E Z J C P R C K H O R V V J N B N E L U M A
V C O Y T Z E I X Z B D E E W G V A D T S D T
Y I H O S N Z R Y Y L K X N Q P A R A D O X N
I A N Z R J W T E Y G Q F Z N L J Q F B F X U
F T G V I C Q C E G P O U O O A M N K D A I L
A E O K H Z R E H X O O K O D M M Y Y H Y S O
B U F H T E C J O R I J V B K S D R P H I H V
E Q Q G G X I B G P R O G R E S S I O N R R C
A I D Q W G Q O T M E Z Y T J B P V G N E W G
W T E F F O R T O F P Q D H N E E D M A U H V
V I X P I G E V I T A C O V E E E D S C K E K
H R J O V P I N F E R R I N G Q K O R V K K F
M C Y B G Y L P I T L U M D J G N I V L O S H
```

SUPEREGO	PROGRESSION	SEEKING
NEED	EVOCATIVE	UNIFIED
THIRST	CONCLUSION	EFFORT
ALPHA	REVIVE	MANNER
PARADOX	OBJECT	MULTIPLY
SUMMARY	HOT	MENTALIZING
SOLVING	VOLUNTARY	APPRECIATE
REASON	INFERRING	CRITIQUE

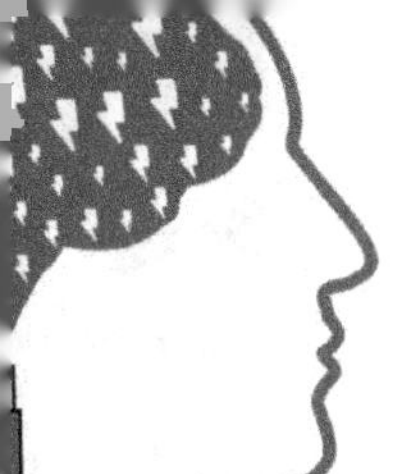

Puzzle # 11

```
S E C N E N I M O R P X E C W U T J R B J T R
W S D X F E B H L G N I Z Y L A N A R V J E Q
Z L M J V N I D A G N I V O L Y A T D M L N D
G S B W H G T P N M Q O N I B H V E V A R L I
G E Q J R U K X O S H A R E S A N D Y J T A T
A B U S E L F Q I T Y J G I V O Q A N V C Y V
C M H I V F T F T B R D F E S R O D N E A H Y
O Q I Q I Y G F A M D L P U H S H W V O W X S
N F R V E K O K V T E F J N E U R O N D Z B C
S J U I W A P W R S H K O K G D O U Z W M Y Q
C F U K B H U Y E E L U D E H C S E N N A D
I P U H C T A P S Z A U T O M A T I O N P A T
O F I M N U Z Z B Q H R G O G E G A Q U P S L
U N I U H R C H O N O C N J U H L K K A K Q K
S J N L M Z D H R F D C K A T F R D T C X T H
S M E V L N A Z A Y S M T C A E R H D P W X G
W Y R W R E C N E T S I S R E P Y E H U T H W
O D T O X M I K L L B C S Y V Y V L N A H L F
```

CONSCIOUS	INERT	CHAT
ABUSE	ENGULF	PATCH-UP
WEIGHT	REACT	NEURON
PROMINENCE	HUDDLE	REVIEW
LOVING	OBSERVATIONAL	AUTOMATION
SELFISH	PERSISTENCE	ENDORSE
SCHEDULE	ACT	RELAY
APATHY	ANALYZING	SHARES

Puzzle # 12

```
M O R A L P H F E E H V M E L B O R P L T L N
K Q G I Z D G N Q I B E U F E L L O W S H I P
V N X C X V T N U T D W R I Y V J T I A P Z S
P O H I P Q W H I E A A J N D D L M K Q H F X
P Z R U O Z H M T T L P K D E Q S B L F G F O
N H Y L T U J E T L I T R U S T W O R T H Y S
N N J Z I C R A I U R R K T X O I N H A L E O
U T J H M M E A B G X V W T D K O C A H D L L
S S Q Q I N N T X U K V M U E C Q T I E N V I
B Q S N D C N F H M D M F F S C S O H Y O Q D
I K A M E E B O V R H D C B I T F A J E I E I
X N X N M B Q R P Q X I Y L G N I Z R Y S V F
T N N U N Y Z E A N I M U S N Y F T M B S I Y
H B G U Q W T S B E H A V I O R A E S X E T M
H R C P H S B I B Z I T A Y E C E W R S S A U
A P N U F B P G V E R A C I T Y A K V F B E A
V Y U E I O V H R P J G V M X R Z Q A M O D D
D Y Q S U B S T A N C E Y B M E N C H G M I E
```

BEHAVIOR	ARGUMENT	VERACITY
ALLIANCE	INHALE	OBSESSION
DETERMINANT	BUDDY	MORAL
IDEATIVE	SWARM	TRUSTWORTHY
FELLOWSHIP	PROBLEM	INFER
SOOTHE	TIMID	FIND
ANIMUS	DESIGN	SOLIDIFY
SUBSTANCE	FORESIGHT	WRITING

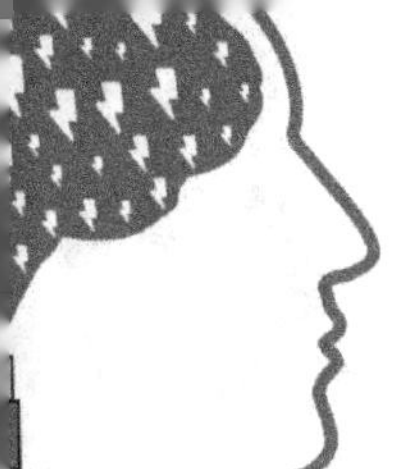

Puzzle # 13

```
L M E V I T A R R A N T N E M E G A G N E I A
G N I T I R W N O I T A Z I R O M E M F B L N
O R J I K O J O T A X G K P X S B B M F A L S
Z E V M R E C I P R O C I T I E S E O L I N D
E S U P K R O W M A E T I D L R T Y D L N E U
T I E R V O B O N K G M E B E S V X H T F S L
Z M N O A B U O W N I W X T Y P Z L F T E S L
O O G T F H H E I D M C Z S F E R N D L R E P
I R A E H N R L T Q P G X B L D N E W M E R X
I P G C W U E Y H V U B O A Q I O I S U N Y Y
Z T E T S S N T D E L T N T F A I M W S T P P
Z O Q S N R G J R F S O I O S L T N P B I N K
Z G E U E E D E A Y I N D U K O A R S J A O I
T R O T C T M T W T V H Q C A G C U H T L S N
P C X E J R F V A F I K A H B U I J W L I J O
M Z Q P B A N R L J T M E I I E D E I M G L T
P K Y M B C S C G J Y V X N J S E C C I H N L
W K O I Z E T R P M L V O G P E M X I Z R L R
```

TOUCHING	DIALOGUE	ENGAGE
MEDICATION	INSTILL	IMPULSIVITY
IMPETUS	TEAMWORK	ILLNESS
RECIPROCITIES	WITHDRAWAL	SYSTEM
RETRACE	COUNSELING	MEMORIZATION
PROTECT	PRESSURE	NARRATIVE
DEPRESSION	RATIONALE	PROMISE
ENGAGEMENT	INFERENTIAL	WRITING

Puzzle # 14

```
F N I L E K I Z P J E K Z I T R C O R U C S K
F O U E X P E R I E N C E S G E C E X W U V N
O H P R E T A I N S A C Q U I S I T I O N T R
D P H N O I T A V R E S N O C O W Y B J W J E
M H M E D I C A T I O N S I S L M D W F W C T
U H Y P E R V I G I L A N C E U I T R N L X T
I E B S O I G N I K R O W E R T V S O I E S A
A Z Z J X D N E E Q B J F I Y I J I E C O E P
V M F J R E I S G M A K I N G O T N N Z R T J
L A V K A T G E A J Y J N U A N T A Q H D A A
Q T P A M R N S M H T M T Z E C V A G T E L Z
O U J Y B A I I I Z I V I V E R X J M L R P H
X R Q Q I E R R B A K K E N E R G Y R P L M K
B A E R T H B C J J O R T S M X X A O J I E E
B T L U I N P O L O P E B L F H K Q F E N T I
C I R C O E U L T O R O P Q J X K R N O E N P
U O J L N P A J C E C V E V M O W Y I K S O D
R N N N A O G W D A N C H O R I N G J L S C E
```

ACQUISITION	ANCHORING	EXPERIENCES
ENERGY	CRISES	INFORM
MAKING	PATTERN	HYPERVIGILANCE
MATURATION	RETAINS	RESOLUTION
CONSERVATION	CLIENT-CENTERED	UPBRINGING
IMAGE	CONTEMPLATE	ORDERLINESS
AMBITION	MEDICATION	PREVENTION
OBSERVANCE	OPEN-HEARTED	REWORKING

Puzzle # 15

```
C O M M U N I T Y T H E D C A H O R M O N E S
R X W Z F E Z S R B C G R O E C Q S R M I M V
F L T M P H C E R V E D A M G H S B E K Z D F
C A H E W G V N L G E X H M D I U R E T I C U
O L V R G I H N A Y P Y P I D I R S M R T K K
N A F B B A V Y R R S L A T E N C Y Z Z D L V
S N E M Z G I L R E U E E T T I M M O C N C E
E O A L G K N P Z N S S T E Q K I F I S A I P
Q I S F M T H I R O P W S D R F P I F V T R W
U T V E Y C N N G P R O P A G A T I O N S E G
E N K S S S C H S R Y Z Q T E U T Q P Z R H K
N E G T T N E M T N E T N O C R C W I W E P B
C T I I E T A V Q H W M X V I U R B H W D S Q
E N M V R O S P A U D I T O R Y Z C W M N I Y
S I G A Y L Q T G E C N A D I U G F Q F U M C
Y B M L C Q C T Y M Y Z N S N Q Q H P H B E F
X O W Y B L H B C O A W E Y O A M B M G D H K
N Z F O X Z C Y P J D X A M P X E L P R E P D
```

LATENCY	PROPAGATION	COMMITTED
HORMONES	MYSTERY	SETTLE
INTENTIONAL	MERGING	SPEECH
HEMISPHERIC	REASSURANCE	COMMUNITY
UNDERSTAND	PIAGET	AUDITORY
COMMITTEE	AMBIVERT	PERPLEX
CONSEQUENCE	GUIDANCE	FESTIVAL
CONTENTMENT	HARD	DIURETIC

Puzzle # 16

```
P Q L W Y K J D Y E T R N G O C Q V N U V B N
B X S N N N E H M H Z D Y N R S H X B S K S I
M W O U H S Z E G L D A O I A J X M S P D O C
O R H W O N H I C L U S L T C C D U X P G L C
C K H P Y C F G Q O A F F O M B B Y B A U I O
N Y X E S W D M E J N M T D A J W C K K J D N
Q E R X G I N T I M A C Y E E K T Q J T S A C
T P U I T R S X G R A P L C G G C A M L W R E
H H P N A Y E U L G O E T U N R V N A H K I P
U N O T S R F M K K U I F C S O O C S A M T T
R M G R K J V M E I V I E D V I I F P P U Y U
T U W I Y M E P C E Y C L M T T O P S C S J A
G N I N I A T E R K I V R A E G A N H A T T L
X M H S E X S R J V M Y L R H R S Z T X K O I
M H B I N L T A D A N U O H A M C N I R C V Z
C W W C I O T A P L M E Y T S L A M E F A C E
E U Q I L C M A H I H E U Z F F F H I D L H R
Q F O B V V L P S T D S A C Z T S X P P T H N
```

SCHEME	SIMULATION	MERGE
FANTASY	SUBJECTIVE	FORGETFUL
HURT	CLIQUE	APPS
CONCEPTUALIZE	FIX	APPARATUS
CRONY	INTRINSIC	THEORETICAL
FIGHT	TASK	DOTING
INTIMACY	RETAINING	ADVICE
SOLIDARITY	CONCLUSION	EXPOSED

Puzzle # 17

```
N V G N E A C B G M T L A U X E S O H C Y S P
D A Q N W O S W N H H B Z G J R Q R S K Z L X
H K E G I P Q N I W G N O I T A R T S U R F X
L E M L F C M Z T I I B S V T A O H G S R T J
F C Q W C C A C E E E A O E U B B W B F A W Y
D W X M A W R R E I W L Y X R L E M R O T N F
R E A L I S M K M L F A B I L C H Q O H F G E
V I T U A C C E P T A N C E N I N K H C W U M
A R D N G I J L I X F C L E S K F N D F I J O
V E I V E U P Q X N D E V F T K P E M B C D T
O D S D X I T J S R I Y H W B U T A S W D D I
L A C Q O Z G R U Z X E M Y S Y A P U K P I Z O
I R U A Y U Z O H U T A B H C V Q S E M A K N
T A S E C N E I C S N O C H B Y S P I T U N S
I M S K E Q D U M D Q E M T K Z Z Z J D Y G Y
O A I H B P I B J T Q E Q M I N K A A I A Q Y
N C N V K T C I L F N O C V Z V M D E X X V R
E D G L V S S E R T S I D Z C R E A T I V E L
```

PSYCHOSEXUAL	CONFLICT	DISCUSSING
RACING	DISTRESS	AVOLITION
CREATIVE	CAMARADERIE	EMOTIONS
WEIGHT	CLEAN	REACTIVE
BALANCE	LIFESPAN	MEETING
COMBAT	FRUSTRATION	CONSCIENCE
REALISM	DETACHMENT	DISPUTE
DIET	ACCEPTANCE	ORIENTED

SUBCONSCIOUS	COMPETENCY	COMPLAINT
BOTTOM-UP	SYNTHESIZE	MENTALITY
BIPOLAR	EXPLANATION	SAFETY
IMPRINT	REASSURANCE	HUMANISTIC
SUPPORTIVE	BIAS	GOOD
MARITAL	BEHAVIORAL	TRICKY
VISUALIZATION	APPRECIATION	ACCEPT
COMPLIANCE	ELECTRICAL	CRITIQUE

Puzzle # 19

```
U J S V T N R A U F G M C M O N I D N Q N A X
A V C R N E E S T J L L Z R S S K I B M N H Y
X V H U E K P X M T E H A H U L G F V S H C R
H N E V M A O H C A A M L F A S R F F R D K A
O I D K T W S D C I E C D T U Y H I E P P N T
P N U T A A I L F A T R H Q T Z Z C C I R O I
E D L M E E N W K O B E D M I P S U G R O I O
J T E K R R G Q Y Q E E R X E I X L R X P T N
U I A O T A F S Y M P T O M S N E T B M R A A
M R D R G N I T E R P R E T N I T I H F I V L
P F X M E N T A L I T Y G R O S P E P X O I I
I J V I U D H N I M A T I V K M P S H B C T Z
N T O B E D I E N C E I N I T I A T I V E O I
E L M O O W O S A R O M A T H E R A P Y P M N
S W E O G O N C N L T S X N C F T I U O T M G
S F F Y U O W J C O O T R O F M O C U S I J R
U A G N I Z I N G O C E R W L B Q U H G O J N
S O B F W A C R A B R I X J Z J F L N Q N A I
```

DREAMS	DIFFICULTIES	RECOGNIZING
ATTACHMENT	PROPRIOCEPTION	MENTALITY
JUMPINESS	INTERPRETING	INITIATIVE
REPOSING	CONSIDERATE	SYMPTOMS
RATIONALIZING	MOTIVATION	TALK
COMFORT	TREATMENT	EXCITE
SCHEDULE	AROMATHERAPY	CRUSH
OBEDIENCE	REAWAKEN	VITAMIN

```
F S C I H G D T F Y W L C N O I S U L L O C A
U N O I T A L U C E P S E F O C R A J I Q C S
Z B B H P V S S M J J J C O S R O V O G D W T
L M H Z O A G Z Z Z P Q J J G E N E W E E J
F D Y S Q L B R V V M D U J G M T V V C S P A
C O L L E C T I V E A L L U D E M P I E S T M
K T T T F M R R C M N I O O I C Y O E S R D N
W S O L I D A R I T Y A S S U R A N C E I G V
G C W M C E O T M J L I X A S I L J E U A O E
H V Y Y F U A P P R E N T I C E S H I P P Q N
W A S E A S O N A L O P Z B N Y M R I Z H O P
E R E F E E D I N G N N J U S T I C E E T B A
I Y C F L K Q H A R M O N I Z E C U R Z S V R
V I N T R O S P E C T N L C E L E B R A T E T
D T R A N S M I T E R U L I A F A X H H O Y A
S Y E C N A I L E R U M V Y G L Q D J P H N K
O U Z W Z N O I T S U A H X E J F A Y U Q G E
S L A N K S G Y P A D E P K M E Z Z K J L I Z
```

COLLECTIVE	FAILURE	PARTAKE
HERBAL	SPECULATION	REFEEDING
VIEW	ASSURANCE	EXHAUSTION
CONVERGE	COLLUSION	REVISION
RELIANCE	APPRENTICESHIP	MEDULLA
CELEBRATE	SOLIDARITY	INTROSPECT
BIAS	JUSTICE	HARMONIZE
IDEA	TRANSMIT	SEASONAL

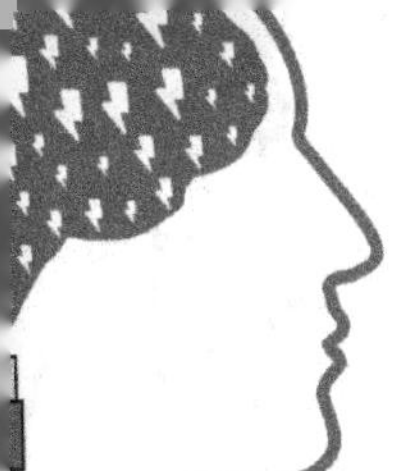

Puzzle # 21

```
L T O D S U O K X W Y R V V K H B G H M G T G
Y E S E R E N G N O I T A L U C E P S G N L N
F W E V G O L I J X Z Z V Y J D N D Q E L O I
P S X L S N H O F O G N A G I H H G V L U R K
Z J D O U M A Z S Y S C H S M I N N T I O T A
U W V S T O I H S N S D N W E V I J M U J N M
S Y Y E E P S T C K O I N N W M W F H G Q O E
H X W R P J J M R X L C V T X T C V N H D C F
M X S N M P N K X A E I O N O I T A M R O F F
E G Z U I N O I T A R O B A L L O C J S D L O
K E T A M I T N I O D L O H S E R H T M N E R
O X N D L W A N N E E L E C T R I C A L S S T
Z R O A O J J M H P Q E V I T C A R E P Y H F
D X A Y R O E H T W U E G R C B U O I P I Y U
K P J L V N P A F F A R E C R O F N I E R X L
P G L Z T M A L F U N C T I O N I Y V V V K R
W R I H Q I L D X R B G B D T Z W T B C R U V
X O Z G P S Y C H O D Y N A M I C S C S Z M U
```

THEORY	SPECULATION	REINFORCER
EFFORTFUL	MAKING	INVENT
PSYCHODYNAMICS	CRONY	ENVIRONMENT
GANG	THRESHOLD	UNIFY
SELF-CONTROL	COLLABORATION	IMPETUS
CONSOLE	FORMATION	INTIMATE
EXCHANGE	UNRESOLVED	MALFUNCTION
INSIDE	ELECTRICAL	HYPERACTIVE

T D Q Y C Y C N O I T I S O P S I D T V I C Q
I H D J K Q G D E S C O N S E Q U E N C E S Q
H R E A Y H H U Q E J O K J Z B T K E N D T P
I E I T F L Y N U L P A R T I C I P A T I O N
G I R B K R P C M F D E N O I T I D N O C F P
D N E V Q A O U D H L K H X S Q G N S E X N M
O F D W E X T C O E K N O O R L A R U E N Y W
I O A X C T H M Q L O N C E M I Q D X L H S W
N R R S N J E G U P P Z V O E X C E S S I V E
R C A S E A S O N A L I S F M T B O U T P U T
Q E M H S P I W M K S P V X T M W D Q L E W K
Z M A L E V Z W O I Z V F H S I U G N A S C T
X E C C R T I L O V M V S O L V E N B A H K B
S N W Z P T N N V F P C O M P L E X I T Y J K
C T G T T X G Y T I V I T A R E N E G C E C I
T R R E S T R I C T I O N U I V Y U A L A H E
P T R U S T W O R T H Y E V I T I N G O C T D
W D O R A T I O N A L S T E R E O T Y P E K E

CONDITIONED	TRUSTWORTHY	CAMARADERIE
STEREOTYPE	OUTPUT	RESTRICTION
DISPOSITION	SOLVE	GENERATIVITY
REVISION	SELF-HELP	EXCESSIVE
COMPLEXITY	COGNITIVE	PRESENCE
ANGUISH	RATIONAL	HYPOTHESIZING
REINFORCEMENT	PARTICIPATION	COMMUNICATE
CONSEQUENCES	NEURAL	SEASONAL

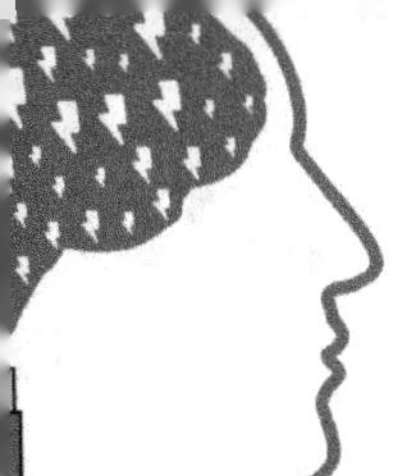

Puzzle # 23

```
D Z O F A A Z C T I U V Z R X H P T T H P Q S
N W Y L E T J X K T H G D F I U F E N C T R R
O O I N D Y A T J C O N F L I C T W E V J P N
X G I R N O I T A Z I R O G E T A C G D B K L
N Q B N S Z A N R U J D C I G Q N Y Z E C E I
V F L T U Q O N Y Y R Q I N Q O E E D T L R C
P Z O P Y T I L A M R O N F N P H X S C A G K
G A S T N I A L P M O C U E P T B P N E S O T
X L I N X F E R C A N E B R C V B O O N S L C
S C T P Y D Y K I O A C P R V F Y S I N I N E
F O R H D R A F T E M T O I J E Q U T O F B P
S H O K D Q Y Y Z C S M C N V N L R C C I T S
I O C T R U T H F U L N U G S F U E E S C R E
G L T O O L K I T W L V E N Q U G X L Y A C R
N I Z F E U G K S X F Z B F A P L Y F A T E Z
A S I G F B K M T T N P X X E L J T E A I V M
L M E O S C I M A N Y D Y S V D I W R K O V N
O F S D T W G W I H O A R D I N G A S X N R N
```

DEFENSE	CATEGORIZATION	COMPLAINT
ALCOHOLISM	INFERRING	TOOLKIT
NORMALITY	COMMUNAL	CLASSIFICATION
ALIGN	CONSULT	CONFLICT
RESPECT	DYNAMICS	REFLECTIONS
DEEP	EXPOSURE	TRUTHFUL
SIGNAL	DRAFT	CONNECTED
CORTISOL	UNION	HOARDING

Puzzle # 24

```
Y H T N M Y A E F A T H O M E M A E T G P C H
J V N J S F H F I Z B U H Z C V L D E P E N D
S Q A A A C E C N E N A M R E P I S K Y V F H
I T R P I P V Y R P U N E P S M M E B E I U Y
W J E P S A K Z R I L C D P C L N T E G T R R
J E P R U S N N B L S K I J H H M A Z T C E K
P J O E H K K O A O W D C S E L A M Y U E G H
Q K S N T I E I N L S J A C M F B L Q H L U X
D I E T N N N T O D E I L I A G M U Z S F L X
A X D I E N Y C I Y V R T T T F X O R P E A B
V Q O C T E L E T R J G T E I K A S A E R T O
S A S E H R B F A O L J M N C M M R N A F E W
K N I S E W Z F R T B F W E S H A G T M L I Z
E I P H O S J A E S O M G G R L A Y H S E H S
T Z E I L Q H M P I R L L I Y G S I M E S E V
P F M P O Y R A O H O F T Z E W T B U A G V B
P S F E G F B P P K Q H E B M O D S I W Z G V
V F K Q Y Q M M I E B D T M A D X K W L E N Q
```

SKINNER	AFFECTION	APPRENTICESHIP
ENGAGE	WISDOM	REGULATE
PARALYZED	EPISODES	SELF-REFLECTIVE
PERMANENCE	TEAM	ENTHUSIASM
HISTORY	ALERT	SHAPE
SCHEMATICS	OPERANT	SOULMATES
GENETICS	DEPEND	OPERATION
FATHOM	THEOLOGY	MEDICAL

Puzzle # 25

```
T U Y A Q N O I T A T E R P R E T N I O Q C I
J P S Y C H O L O G I S T C M G M A X W P J J
S O R T I N G Q I P G Q M R O E Y S Z T E W W
L Q B B H E S N O P S E R K A M C V J A R R G
G W E L L B E I N G O C G Z N O B N B O K E A
N D M I L L Q Y Y D P P N N O Q U I V Y P W P
Z J O M O G F Z C F L R I D I Q V S N K A G U
H G P S O X D U N B P O K E T L X F L E I E P
L T N D R W C Z E N S G S T A A R U H E N G X
V O U P E F S I I S J R A T P R E L A T I N G
C N G R H K Z U C M X E T I U G U C P A U C U
P Z H O T X R Q I S L S I M C N S C G O O V G
S S O G O E T R F I S S T M C U N C L H G Y M
T D E R M Q X Y O L C I L O O J T N O J Q Y Y
C O H E Q P C Y R O K O U C D G G S A K W N
S I J S A K Y N P H G N M C E H T L B T J X G
V O D S R E G U L A R I T Y G M W D Z C P W Y
X X O G E V O C A T I V E R E C R O F N I E R
```

INTERPRETATION	MULTI-TASKING	PROFICIENCY
JUNG	CONSOLE	OCCUPATION
HOLISM	COMMITTED	SHREWD
PSYCHOLOGIST	COMBINE	EVOCATIVE
WELL-BEING	RESPONSE	COHORT
PROGRESSION	REINFORCER	RELATING
PERK	PROGRESS	MOTHER
REGULARITY	PAIN	SORTING

Puzzle # 26

```
Y Z Q F J N H B A R S P I D E R S N R A G X T
L C S U D D E N J V I E A V O I D A N C E W G
E L N N S F H E V I T E R C E S V O Y A G E S
X E Q A Q Z O G F B N C S J E C N A L A B M I
M K W B T N I R G C O N F I D A N T S D H T H
E C D A M C C J C A T M T V U Y A I E N V A W
T E S T B V E G I E Q H M Y C H B V S A V F G
A T Z Z U A Q P E W X F I N I L B I W T G O J
C A M U A R T S X F M C E S I L O N S S N M W
O V E L B A I M A E O T U N T J Z E B R I E B
G I Q O P V A J V L A K G S V O W V M E D E Z
N T T X O O Q F L L K R S H N Y R F G D E E R
I L V A G L U E H T J J J C T S R Y W N E Z S
T U U P C P A N O V A I M Y H T S Y D U F G X
I C W N N G H U M A N I S T I C K P D N E D B
O U G T U F M E F F G D Q Y B L O G L R R C C
N I L E K E W L G V Y U Y G O Q B S Y P D Y K
A S S E M B L E H P A R A M O U R F A D I N G
```

LATENCY	METACOGNITION	ASSEMBLE
HUMANISTIC	CONFIDANT	SECRETIVE
FADING	COLLEAGUE	AVOIDANCE
PARAMOUR	REFEEDING	FORCE
HISTORY	EXPECTANCY	VOYAGES
SPIDERS	TRAUMA	UNDERSTAND
SIBLING	CULTIVATE	DYSTHYMIA
IMBALANCE	AMIABLE	SUDDEN

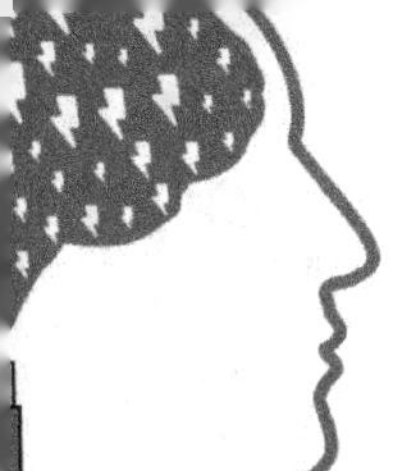

Puzzle # 27

```
I S Q Y U B T N A L I G I V S L O Y A L Y E E
M K I S Y N E R G Y B S I C V O I A X J G M E
P J L K L J V H V N E R A A D A P T I V E A D
S E L O Y R E X U P M N W M X S X K G C A A B
W O R G O I S D X E G O I Z G K R E N G A G E
F D Z S K J T M U L N I W S N X O R X X P K E
R H Y H O D I S J J I T M U O I T A R X H N Q
C F E N U N S K W T N A S E N S A T I O N G O
P Z N R W I A T R T R N O I T A I C O S S I D
A F W Z B T O L B T A G T X Z W Q A A H S O P
E X O U I A E D I M E A T Q I X A M M A G C I
H H D P S P L L O T L T X N P L E A S I N G N
Y O P J M P U T V T Y S T N O I T A V R A T S
Y V O B K R V W K W B E B N Z X D Q K P S B H
L W T D R B G J L W R O L J S X X Z H H X P T
W E O N J N B K T B Z B A S N I C S J J L M K
O T N E M N R E C S I D M N O I S S E R P E R
S S E N D N O F I S V C E Z E J C S D H L H H
```

PERSONALITY	LOYAL	ENGAGE
STAGNATION	ILL	DISSOCIATION
HERBAL	FONDNESS	RATIO
ISSUE	STARVATION	TOP-DOWN
GAMMA	LEARNING	DISCERNMENT
BLAME	SENSATION	PLEASING
REPRESSION	ADAPTIVE	SYNERGY
SCAN	VIGILANT	WINTER

Themed Word Search Puzzles: Issue 7

Puzzle # 28

```
M E T A C O G N I T I O N P D R H N E Y R U O
H C L U S T E R A J P W G O E E X O E G L P G
N O I T A Z I L A R E N E G T L V O L B F K Y
H Y K C B U C L C V I G P T R E O T T K V S
K I U F E Y A A Z L R B A N A A U S T B D S H
V H I P G T O C D H L V R E E S S G K X S S W
N K T S N R X D S P T C A C H E Z A J I C J T
H I T E D V U U L X L B P S N F M M V G L I J
L B M H H C R S W A R M R E E L U M N K A L J
L V R C Y C N E D N E T A L P E A A J D F D S
E I S E V I T A R R A N X O O D M V O Z U X G
Y B I N G V R H J R Y B I D V P F P R X I K R
Z U U S C I T N A M E S S A H S A Z I E R X E
X M G K A V M B M C E Q D K S M N K E I T P C
G E O C X T N E I L C T M E I U Q N Y E T N C
M F R U N C O N D I T I O N E D R U T T W V I
H B W J C U H V Z B U Y E N S A T A M E H C S
X D N O I T C N I T X E I N T E G R I T Y M O
```

PARAPRAXIS	DOPAMINE	OPEN-HEARTED
INTERVAL	SEMANTICS	SWARM
SKILLS	CRUSH	GENERALIZATION
NARRATIVES	CLUSTER	INTEGRITY
GAMMA	EXTINCTION	TENDENCY
CLIENT	ADOLESCENT	SCHEMATA
UNCONDITIONED	NOTE	CUDDLING
MENTAL	METACOGNITION	RELEASE

Puzzle # 29

```
G V A H X N W E B E H C Y S P A D A O L C E V
M J K X J M O E V S E G G M S N F B H I L C Q
I E H T F U R Y I S P I S S E N I G D E I N H
K B G X K I D M N S F Z O I G O K S S O N A A
O N B V G V S E L R E C R N J D N C H O I Y N
L O U E W L S Q A V I F I I B O X P O D C O Q
S T D U P H A R A A G K U J I U N R M B I N O
Q E O E T O H W T F A N E T E T E L U T A N G
R V I X L H X I Z E B E I N G G G M A E N A G
E R I G S T O V P Y O D D G U N B R Q U C T G
M S R V E N A S W A A M E L N T B U R K K J F
I Y N U C T T U V R C I A T I I G K V U P Z T
N E O K N R A R T N P R T S L A R K D O O M W
I M N R U G M R V G I J E I P Z B B T I W Y Z
S L X K O R K A T T F X U X T A N W P A R O K
C Y U I N O X I Y S P Q Q E W S T I M U L U S
E K D M N U F P Y Z E V S O L S F Q E P K Q P
U R Z Z A P G S B P C Z A C Y Q K U B A G O A
```

STIMULUS	EQUILIBRATION	GROUP
UPBRINGING	SIXTHSENSE	REMINISCE
DELTA	BEING	PSYCHE
ANNOYANCE	ANNOUNCE	WORDS
ASSOCIATION	MOOD	EDGINESS
TRADITION	REGULARITY	IDEATE
WAVE	STRATEGIES	FRIEND
SPEAKING	COEXIST	CLINICIAN

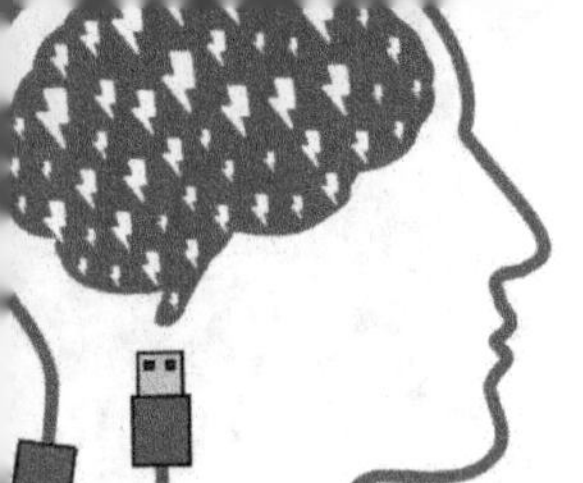

Puzzle # 30

```
I N O I T A R U T A M O K A B T F Y A C L U N
L S X N X M L B S R X A J X Q H L H V I H V Z
L E L K D I S C O V E R I N G E A B J T K S N
N D Q Z J T F H O R M O N E S O M B Y S D S W
E H J U X R F E B F M K Q X D R T P U I J E H
S N N V C A Y E V N O C B N P Y A X Q N E L L
S O M D Y N S C H E M A T I C S Z M F A G E F
C R E D I S N O C N F Z W X Z X F N G M U S K
O C U L T M Q B F O I G H F H R K B B U W N E
L L U E I I M E D I A T I O N E T C P H C E B
L U I O R T Z F B T A I D E M U Q J M R W S R
E F T I E T T A M P X U E Y Z P Z X O U V O D
C H T K D I J M A M R V A S D T R A C K I C B
T T Z G N N P T Y U T Q O I S A C D H V S H Z
I I Y Q E G H D C S K Z B E J K Y X A C Y C E
O A E X S Y I A X S J V O U Y E I H A A F H A
N F M D S A S E G A T S S P D N E N B M T F W
Q S D X Q I S Z Q L J K S J C B F X L E Z H C
```

BEHAVIOR	MATURATION	FAITHFUL
STAGES	REUPTAKEN	COLLECTION
APATHY	CONSIDER	SCAN
TRANSMITTING	BOSS	HORMONES
TRACK	MEDIA	ASSUMPTION
MEDIATION	ILLNESS	DISCOVERING
THEORY	SENSELESS	CONVEY
HUMANISTIC	SCHEMATICS	TIREDNESS

Puzzle # 31

```
X D W Z R F X I V A S S Q U A D K G O S P E L
S M A D I S T U R B A N C E P C O N S T A N T
K F T G Y E P Q B O V Q C T Y R N J F P H T X
T T C O D F K K K D P T Z S E X O R A R N A K
R B H Y I N S P E C T I O N M I I T I J P M C
Z Y F R Q K I K Q U S R Q D A S S U E F G X I
Y C U R Q K N W H I O C H J L G I S K C G U T
Q Y L A L L N E N O H P R N F F V J I X T F A
Z K O C V G O F K E J G E E X E R C I S E S M
F P S P B I V C H O Z H F J I G N I R O T S O
A R B I T R A T I O N A L L I A N C E B S V S
T S W O V U T J T S H M E R H Y A G B E I W O
B C A P A C I T Y A C E C K I S W L W G S B I
F S A F T K O L P U N P T N K S Y K Q B S C B
C S L G J G N R N E B Y X X M G E L P X A U M
R S G T L M R S R D E T I N U K H F K T F Z Q
U M Q Z C X K E R W S B E O M V S H P J J L R
U X O Y C T S S N D G G R O U P B O N D I N G
```

CAPACITY	VISION	ARBITRATION
EXERCISE	STORING	GROUPBONDING
SERENE	PHONE	CONSTANT
REFLECT	ASSIST	DISTURBANCE
UNITED	SOMATIC	GOSPEL
PROTECT	INSPECTION	SQUAD
ALLIANCE	WATCHFUL	VOWS
INNOVATION	FLAME	CARRY

Puzzle # 32

```
S G N R C H V L J P E R S P E C T I V E U I P
I W S K M E X M A N C D V P E C R T K E U R Y
S A J O V X A V S B L L F T P B W U C M C U F
O F A L A D N A M G R F N K A K R I O L O L T
N F F F Z H Y P O T H E T I C A L S R Q N E H
G E P R P S D C T B M R H X G O I H P G I J G
A C P K I T E Y O N D I S C U S S I O N K G I
I T S G S C H N G S E I R A D N U O B W A A S
D I Q P E J T I S S E N T I F G H Y W N R D N
N V D U R T L I C I E C A H W H C V K G X P I
P E F I I A L V O L T H Y P O T H A L A M U S
E Q X Q A Z E C A N Q I J V S L W P E L B G D
S Y K P T N Y E E D L N V G N I D N O B D O J
S I R E I E G H B O Y E D E E O Y X H F X H X
D Y J H O E K D Z I E D S S W A P S T L B T I
I S Q M N D E V Q R B D S S E N L U F D N I M
G R F U R S F R Q E B U F T N E U R O T I C B
H E S A N K A J L P L S S Y M M E T R Y C W E
```

INSIGHT	MINDFULNESS	ALIGNMENT
NEEDS	QUIZ	SYMMETRY
DIAGNOSIS	BONDING	SERIATION
FITNESS	BOUNDARIES	PERSPECTIVE
PERIOD	BOX	NEUROTIC
FRICTIONLESS	AFFECTIVE	HYPOTHETICALS
MANDALA	HERBAL	SENSITIVE
HYPOTHALAMUS	DISCUSSION	SUDDEN

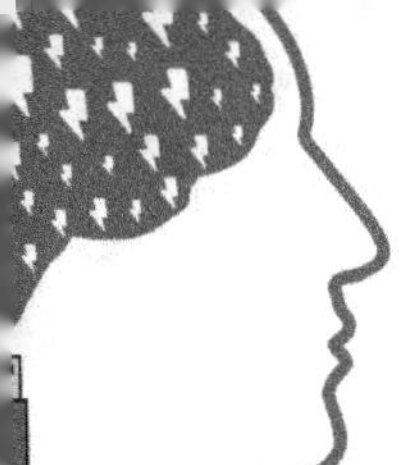

Puzzle # 33

```
Z X T F R Q U O Q J W S E L Z Z U P H Y Y F V
Y B N Y S F I O T R C A D A S Q Z T U H P V M
O I E P C S T U I E U M L Z D H K L E K Y H E
K B M D R N H T O F S F A L E J A T X O M Y T
T F P I E A E F Q A T P U I G J T P B S Q J A
M N O F D M O I N I O J U C N H T D I G C A C
W P L F R P L T C L M O P W O T G B R N P U O
C T E I O O O G Y I S U K K L B A E G P G S G
K F V C S T G R Y H F M D K O F W I R X Y P N
L F E U I M Y E N N A E A V R G T O N Y M F I
D N D L D I D T F X Q X D E P G X D U X M X T
Z P Y T I C I N O R H C N Y S I I N J W U W I
R Q N Y O Y P F N R F R P Z M S Z T T T H D O
Z U R A Z H A S G Y R H Q A D O K E N M C J N
W G O P Y K R N R G K F T A P H S V N E R V E
I R R A T I O N A L E I I D V T Q T S W X K Y
S U S N E S N O C G O N K A E P P G X X D V E
C P D M E N A J D N I T W N R R W D M S U T U
```

SYNCHRONICITY	THEOLOGY	JOIN
PEAK	METACOGNITION	IRRATIONAL
TEST	CHUMMY	DEFICIENCY
NERVE	RAPID	CONSENSUS
DIFFICULTY	DEVELOPMENT	APPROXIMATION
CUSTOMS	UPSET	PUZZLES
SHAPING	PROLONGED	DISDAIN
DISORDER	MAINTAIN	OUTFIT

```
M Z W Q J I E C R E C O N S T R U C T I V E Q
C I T A T S U O W C G I F T S O R O M A N C E
B M R S C R Z U I O P E J O N E N K P N Y J U
L N K A O K I N D D R P N O I S U L L O C O M
E O S F N N O S Q I M K D O F A E E P I L N A
K I F K C F Z E V I F O O T Z K U R R T V I L
R T I O E Q D L O O H B L U D W D A O C I B N
Y A S N P F Y O K T Y Y F I T Y A C P E N V U
A Z O C T E I R E G T G R A B S A H A P T I T
K I L I U L R M G Y I S U V G B R T G S R L R
Q N A K A G N I V O L S B G N I U L A O I G I
E A T A L H D G J L A E O M I K D A T R N R T
S G E Q I A K G U C N N S O N S N E I T S J I
S R D P Z L D I M P O T Y W O U A H N N I M O
T O Y D I A D B B W I H W E S V B H G I C B N
F A B K N P Y N U O T G V H A S S G R I E F D
A Z Z O G O X F W C A I G F E R B R R V E X I
J X H K F I X G S F R T C W R H K Y A W X Q H
```

REASONING	GRIEF	COLLUSION
INTRINSIC	CONCEPTUALIZING	MALNUTRITION
TIGHTNESS	GRAB	RECONSTRUCTIVE
PROPAGATING	ISOLATED	COUNSELOR
LOVING	ZONE	INTROSPECTION
HEALTHCARE	METHOD	ROMANCE
BANDURA	STATIC	GIFTS
RATIONALITY	WORKOUTS	ORGANIZATION

Puzzle # 35

```
J V N J Y V E Y X I M A G I N A T I V E V D T
R K O K I F S P U F Q Q N R A K C Y G G C R U
X N I E N L I G H T E N M E N T I P Y N N O J
O A T K Z C O L L U S I O N K P M L L I L W C
T H C H C Y T I R O I R E F N I E K Q L S D I
S Y N P S Y C H O S E X U A L L D G R D V R E
I V I D U D M U Q Y J A T U Q G A Y F N P E Y
B U T E J E K M V T C Z F F W L C D U O T A E
G N S Y N T H E S I Z E G Q H R A K H F C D Y
G C I J Q E Z M J L D E T E R M I N A T I O N
G O D M J C B E H A V I O R A L N F N M U W A
A N V H P A R T C M X X N O I T U L O S E R Y
B S I M Z F E H L R S O F A C U L T I E S H H
Q C W G G I G E I O M F L R M Z S V K L C P P
G I S M A T G A E N K Q G V I N O R M F D S J
A O J L O L I V N B N N R X B G F O Q I F I Q
P U N V O U R Y T A T J V H I U H U N S H Y B
L S N E X M T L W A Y M F D M B K T B H P M E
```

UNCONSCIOUS	ABNORMALITY	CLIENT
BEHAVIORAL	FACULTIES	ACADEMIC
DETERMINATION	COLLUSION	AGING
IMAGINATIVE	TRIGGER	NORM
RESOLUTION	INFERIORITY	DISTINCTION
HEAVY	DREAD	SELFISH
PSYCHOSEXUAL	SYNTHESIZE	MULTIFACETED
ENLIGHTENMENT	FONDLING	FRIGHT

Puzzle # 36

```
U B S A O S Z Z F B C S T T A K Y Z U B M I W
T O P J C J P X U X H R F F E V I T N E V N I
H I N I X J L A Y F X O G E U L O N G I N G X
E S T E T N B V P Z O T D L J O I N D H A M C
Q P E J M C K E E U B P O L G L A R W B D Q J
O C G K O P Y R R L S E R O N E L R V K E T I
H S W B L D A S N L E C G W I V A U E V T V V
Q T O D D P G I N A R E X S K M D K G V T X X
T C L S I B V O I Q V R C H R Z G Z N S I R W
M A S N N I Q N J P A I K I O O Y I L P M E T
I R A N G V O K R Y T N X P W I M B K E M K W
I T M L Q D P V U S I O H D T E A U Q C O Y X
N S W A E S P L I D O T Y R E S P E C T C T H
V B P H I P U L J U N I C J N X H Y Y U S N D
L A N P N X O T L T A F S C A N N I N G K B I
J A V S G H K R J U L Y E T A T I G A G L S J
V A N S B S S E N E V I T N E T T A Q P X G Z
I N F E R R I N G N I N R U O M B I S I F J B
```

AVERSION	RECEPTORS	JOIN
HOLISTIC	OPTICS	ANHEDONIA
ABSTRACTS	RESPECT	AMYGDALA
INFERRING	COMMITTED	NETWORKING
FELLOWSHIP	OBSERVATIONAL	SCANNING
NOTIFY	REVIEW	LONGING
MASLOW	ATTENTIVENESS	AGITATE
MOLDING	INVENTIVE	MOURNING

Puzzle # 37

```
D P E S B K E H R Q C O N S E R V A T I O N X
G P Z L C C F L C U S N D J Y I B J D V D B J
T K O B I I F L N A T Y C E W R N T O O L S N
Q T P V G M O B K O S I N I V D E T T S A P G
N Z R X P P R O S Z I D A C E O U T I L J P Z
F E A N H U T C W V P T I T H G L J S M G X M
S R A Y C L F Z Z K M V A S V R W E U A A M Z
M T E A T S U I K D R D A L O U O O B T M C U
I W N Q S I L A E E I S Z A U R D N O U W A Y
U B X U U V D E S L S U D T L C G N I D D E W
J C P M A E V O A T L F J N A J I A F Z R N Y
C V R B N V N V Y Y D S O E V D I T N G E G Q
K B A F N A L C D N E X F M I R R I R I K N V
D N Z S T I N Q Y G H K D L T P T O M A Z M N
E O Z E P A R A L Y Z E D I S U E L C A M E Y
H M E H G N I L E D O M E Q E S N Q X S K V D
H O H W K T Y C I S T S K S F H N T L E I Q R
G N I L E E F I N H I B I T I O N M M T B D B
```

INHIBITION	PUSH	RESONATE
INTIMACY	FREQUENCY	DISORGANIZED
IMPULSIVE	WEDDING	SERVICE
PARALYZED	PAST	FEELING
BELOVED	CONSERVATION	ARTICULATION
FESTIVAL	TOOLS	EFFORTFUL
MENTAL	MASTERY	DISCORD
MODELING	SYNCHRONIZE	VALIDATED

Puzzle # 38

```
L Z C U I M E D I A T I O N D E F E C T P V W
R O M A N T I C I Z E B A J R T R I G G E R G
Q H C S F G N I L A E D S U X L N X E F N U U
P R X C O L H S I V U G S B P V Y U V I S X X
S Q S M R C W M I H E E E I A O D H N N G Q J
L P X N M J I P J U N G S L R J E I K V A H A
Y D E R A S P A L I Q D S A T C S D U S K T N
T E N C L C O T B N G T M T I O E H K C F J X
E L F O I N I G J L B B E I C G R L B I I N I
S R L Z P F W F W D E O N O I N V G H T R M O
T E A F M S Y V P X O G T N P I I S T A R G U
I E S C G R E F E E D I N G A L N C V M I W S
S S B L H S Y R S W O C U R T E G H B E W L T
E T R Y U T L H R V L U D M I D N I E H I Q H
D F U Q J P L O G O W E Y N O O E L B C J Y T
U I F M K H M A X B C R F U N M S L N S N L X
X G F U J F G I E S H T Y M Z Z S S B R I E W
Z T L J Y W S A X H A U A T F L O V V B V Z G
```

JUNG	DEFECT	MEDIATION
MYTHS	SCHEMATICS	REFEEDING
SHIFT	CORRESPOND	ANXIOUS
IMPULSES	TRIGGER	PARTICIPATION
ROMANTICIZE	CHILLS	DESERVINGNESS
HEALTHCARE	SOCIABLE	INFORMAL
MODELING	JUBILATION	GIFTS
ASSESSMENT	SPECIFY	DEALING

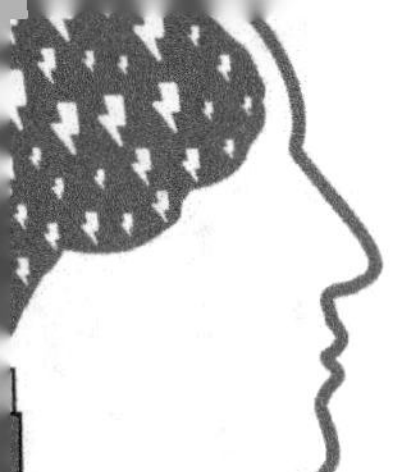

Puzzle # 39

```
T A C T F U L N E S S S T R D E R T U E V B D
B C X U E K P Q M S W A F Z N J M A N L F V H
J W T A S X S U E E Y C F T E F S X R D N U L
G K C C G M P T M I R Q A G M T J Y Z N U T R
A F R J X C T E O S V L U P R R O G A O G M E
I U E X Z P R V R Q U P W A A C H U M I N Y L
N K P L P A U O I T C O N S C B R V U T G E A
E Y R A A R S L A D I S M U N Y I U Q A R V T
R T E U T A T V L K M S P Z T G I L L G Z I I
H M S D H P W A M U V A E I W T I H I I S T O
P E E I W R O P T J T Y S M K W J S D T I C N
O T N V A A R E X I C N V M U I V O W S Y E S
Z J T I Y X T I O C E J Z A F W Y I M E B R H
I L A D S I H N O T F U K D P W A Q B V Y I I
H G T N O S Y L N Q S E A M O T I P E N C D P
C G I I P N R I E M O Q Y T D D B N C I J I S
S S V A L T E R A T I O N T C O G N I T I V E
O C E R S W Y O B S E R V A T I O N A L I S H
```

PARAPRAXIS	EXPERTISE	DIRECTIVE
OBSERVATIONAL	MEMORIAL	RELATIONSHIPS
ALTERATION	TRANSMUTE	INDIVIDUAL
OCCUPATION	REPRESENTATIVE	TRUSTWORTHY
TACTFULNESS	COGNITIVE	INVESTIGATION
VOWS	SCHIZOPHRENIA	EPITOMAES
PAVLOV	CAPABILITY	MEND
SIGNS	PATHWAYS	INTENSITY

```
C O L L A B O R A T E C N E T E P M O C E C L
P O A U S T Z K H C R D M J M S Y D Z O X V R
Y T I M R O F N O C C Z D O X R T V U G L V I
G O N R E T E N T I O N I P G V I K Y K R S X
U Y A F I K F E J P I Q V E P X C M U L E E V
H I M Q L I K H T S Q B U X D S L H Q O E N C
Z E R U T A E F E A K A L F A I A P G R O I O
L E Y V Q T Q D L R T Q G N C H U Z J T M R M
G H O G T M B R H P E I E T U P S I D N S T P
M N E F F E I R B E A D L X G U T V G O B C L
C A O A D M C W A I H L I I A G R R D C B O I
R L R S R T U H U I U M S T B T O X G J L D A
O S W R I T V H N A E Y G Z Y A P K O Y E H N
B L P P K N E N S I G N Z A X H H Q G F O G C
Y R R A C N U N O T Q O D P O W O E V T B N E
M L T K G J P K I I H U R Y A Y B V R M J R U
R E M A I N D E R N J T E O S M I A T W Z F Q
Y W T T J A G V U P G U N S S G A X X P P Q X
```

RETENTION	COMPETENCE	COLLABORATE
HOT	HEARTENING	MANIA
HEREDITY	REHABILITATE	CLAUSTROPHOBIA
PALS	REMAINDER	FEATURE
HUG	COMPLIANCE	MAP
CARRY	CONTROL	DISPUTE
CONFORMITY	DOCTRINES	UNISON
TECHNIQUES	DIVULGE	BRIEF

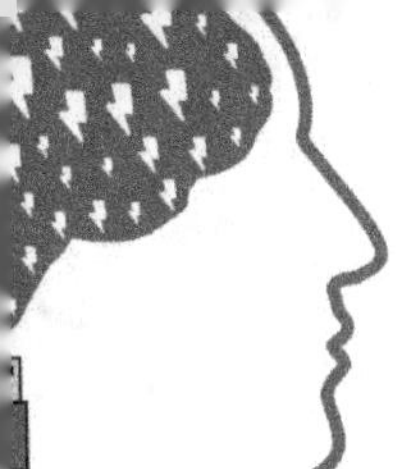

Puzzle # 41

```
H U C B R N E O Y I U U P E E S Y G S U Z E W
L X I U D A A W N Z V T S P G U E I L O E F I
W Q R I Z R Q I O V R T Y E O S U L I V C F R
Y P C V E R O J I E T W C R C A G Y F B V E K
U Q U X E O G C T M Q W H S E I B Q K H U C J
O Q I F P W O A C A K F I U N N N E T B E T W
T Q T J Y N P Z E C C T A A T A B B O M S L K
X D R S T V O S J I Y A T S R M B N U I L H P
Q X Y E O L D S O A L B R I I K N W W B I O X
W H N I T A W A R T X Z Y O C O X T I T U U B
F T I T O N X P P I R V G N I L T V A I Y S R
E T S I R G R V J O H A R S T S I L C Z G E E
O S S V P U B E A N D F R A Y R Q F O R U H C
V W J I O A Q H G H O E Y C T D H B E Q Q O A
I C C T Q G D I R A V B Z U D E S W D S Y L L
O E A C A E O K Q A N C E D E C E N C Y P D L
C D U A K I L P K Z K A N W Y O Y N M E V A K
P A R A L Y T I C L L P M C U S T O M I Z E N
```

PROJECTION	VIRTUE	DECENCY
HOUSEHOLD	AVERSION	EFFECT
CIRCUITRY	MANAGER	LANGUAGE
LIFESPAN	NARROW	CUSTOMIZE
PROTOTYPE	PSYCHIATRY	ACTIVITIES
SELF-HELP	RECALL	PERSUASION
TWIST	MANIA	EGO-CENTRICITY
PARALYTIC	CONTENT	EMACIATION

Puzzle # 42

E D Y P L Y T I L A U T I R I P S N G O Z B M
T C W A A O D Y Y F N F T G M E D I A T I O N
P O J L O T Z E E E F G G P N R D B Q M H R V
R G E P I C U T J P E R S E V E R A N C E H A
C N C I F E D A Y J C N C O N V E R S I N G L
O I A T F P T R X O O X O B K U U G E D J A J
N Z L A L S B G D N O P S E R R O C I A N M X
F A P T W E K E B X V Z G Y Z A H W D O S B H
I N X I F R N T B O T P K A X N N F I L N Y S
D T Q O T F C N P S X E R U I R Z T S P O C R
A R P N B L K I U M Y C C B L M A G N H I Y D
N G E S A E E C O U N S E L J S Y H U F T H H
T G Y L S S O Y Z K M G F U R L W H I D O N A
K P L C A F X F M O G A M E H Z A C T K M U M
P L V J I X V L U Z D S V O F B E T V S E B A
T A E T A M I T N I U N U W R P K C U K Y K Y
D E N I B M O C Y Z O S T P S I Q M V S O D P
P S U L U M I T S C H J M E D I T A T I V E I

STIMULUS	SPIRITUALITY	MEDIATION
FOCUS	INTEGRATE	SELF-RESPECT
PLACE	CORRESPOND	PERSEVERANCE
SPECIFICS	COMBINED	CONVERSATIONAL
CONVERSING	PALPITATIONS	RELAX
INTIMATE	COGNIZANT	CONFIDANT
EMOTIONS	MEDITATIVE	COUNSEL
LOAD	GAME	DYSTHYMIA

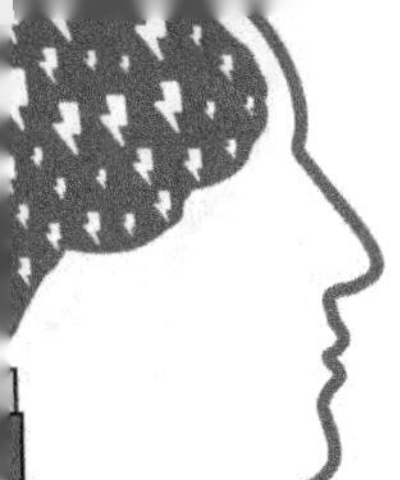

Puzzle # 43

```
Z L N O N J U D G M E N T A L U L Y A R U S V
P E Z F B A K A F O T W M L K F P E B L E E N
R P H B C I Q Z B A I N A M O P Y H A X I Y O
I A U T M M Q J R N F P B Q M N Z J F J W P I
D U N I O N E M E D I T A T I N G A I N Q A T
D W X C S C K L A I K Y L R R T C O X K X Z C
L P N Q T N O P I T N E U Q E R F G T O R B E
E S D I S C O N N E C T I O N C P R N D N T N
S P V P H S C I N Y C U O T H G O C O I S S N
M E G H E E I E T F K O B A M G I N J N E R O
S I G M A I T L R A I Y N N Y E N F E B T L C
E U F I R N E A A T C G K C A N A R N N G A K
N T N D T O H H S E E I R Y C G I I D G A P L
I Y C B E R T N E G M E L O F D U C E U H T G
T U P R N C A I B J D A T P V I Z T A J Q L X
U N E A I E P Z O O L S V H P A W I R W C T H
O W U I N J M F L T N E R A P A T O Z R M S O
R P B N G M E N X A F H R J Y J B N E I C M M
```

APPLICATION	CONNECTION	HEARTENING
OBJECTIVE	MEDITATING	ROUTINES
MIDBRAIN	FREQUENT	EMPATHETIC
RIDDLES	HYPOMANIA	FRONTAL
CRONIES	AXONS	INHALE
PARENT	LOBES	ENDEAR
CHANGE	NONJUDGMENTAL	FRICTION
CREDO	UNION	DISCONNECTION

Puzzle # 44

```
F Y T G G L Z S D I A G N O S I S O T P E X L
G B G N I K N I H T R E V O M P C N K K A F I
J A Q O L Y K S I M T F W R M L E E G S N U U
I U B N J R E E K A K F D X A R X L H Y T T Y
W E C F H T V N F D N O B N A V W A D T I M V
K I F Z B S I E U R U B S P Q D R U A I P P Q
D N G H K U T G P H L X U I B P A N P C S N R
Y X O A O D R O A S T R A C E F G B C I Y F E
Q S I I T N O R C O M P A N I O N C J T C C V
Q R B O S I P U O S X N I Y K L Q I Z S H S E
T E F O S S P E G G U N M O X Y A N F A O E L
T P E C C A U N I N G K Q T P B K H Y L T L A
Z K W O Y J S C F I D A C I T O P T B P I D T
I S E C R E T A S N L D Q M O O Q E B O C D I
T C O P P O S I T I O N O L I K M W E R S I O
U J S A J I Q P I A D A T R L M O E L U E R N
Z K F Q Z O K J J R C U L J I N F E R E N C E
A L A D G Y M A A T O V R D Y N J X B N Z R U
```

TRAINING	OUTLOOK	ACCEPT
NEUROPLASTICITY	RIDDLES	CLANS
DISCUSSION	OPPOSITION	NEUROGENESIS
SHARPENING	ETHNIC	OVERTHINKING
SUPPORTIVE	AMYGDALA	INFERENCE
PARENT	DIAGNOSIS	COMPANION
INDUSTRY	TRACE	SECRET
REVELATION	BOND	ANTIPSYCHOTICS

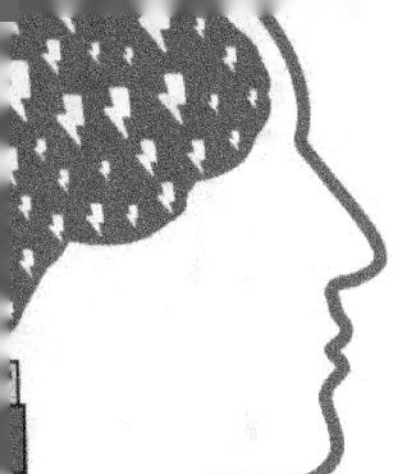

Puzzle # 45

```
O H M X E P E Y D E L B I D E O L O G Y R N U
V H N O I T A V I T O M R Y Z G F G I F S A I
N A U P N R E J U V E N A T E D Z S L E C S C
M F U U X N R F N V J P M I K S O P L J A L O
I S R E P M E T O Y G X W L B D D O P B L J G
H G L C T A C V I M F J S I A E R M V K V C N
H G Y T T C O H S Y H W T B T S V O I S T J I
P U X N F R N Y U G Y Q V I T U P U O R G A T
X V C A W O S P L H M C L S M O A Z V X M T A
R H N L B P T O C J R H C N J P X H D E N M L
P I K U R H R T N M X A O O F S P D H I R K E
F W D M F O U H I E A O M P M G K C A E B I R
T X M I Y B C A N D K T F S E W S L G G G X M
U I M T N I T L X I U I O E N H P A L V E M L
L J W S J A S A F A C C R R N M G D R A F T F
U S S W L E N M A T S X T L O N E L I N E S S
L N T B U S N U O E M X T C E X Y T Z N B A H
N B D K G Z P S U D Q L I F E S P A N L P A G
```

SCHEMA	LONELINESS	RELATING
LIFESPAN	DRAFT	REJUVENATE
ACROPHOBIA	TEMPER	HYPOTHALAMUS
IDEOLOGY	SPOUSE	RESPONSIBILITY
INCLUSION	MEDIATED	PUSH
COMFORT	ROLES	ENGAGE
MOTIVATION	CHAOTIC	COMPLAINT
GROUP	RECONSTRUCTS	STIMULANT

Puzzle # 46

```
S X S Z S J P D W Q Q Q M R X U Y X Y D M T R
F R E S P O N S E W H C E M C E Y W F D W W I
M E E A A A U R L D R H S K N T M U I I T C A
V X V C O N F E R T T M R M N N I N D M N C P
B P L E T A R O B A L L O C W F N H E P E O E
K O F Z N U T Z E S T E T Y S X D E L O G M R
L S B P O L U W J S Z X A J I C F H I R I P D
Q U R E S E R V E D J A V S S J U I T T L R Z
N R R E S I C R E X E M I T T Y L B Y A L E P
O E D P J A Y G R W S P T O E A N E U N E H J
I B X V I B M Y R Z P L O R R Q E R N C T E M
T H B D V W K K A A A E M I U J S N N E N N T
A O B A R W P B I X S Q H N E H S A H I I D N
L W A S I Y P C B Y U P W G Z H M T Q U I I G
E C O M P A T I B I L I T Y O O C I T Z A N M
R H C A O E P R U Z O O C N R Z I N L R K G D
M I N T E R P R E T Z B W A P T S G T C H A P
F O I K T P I J L N K E V H L F C S V A U D Y
```

RESPONSE	HIBERNATING	FIDELITY
MINDFULNESS	CONFER	COLLABORATE
STRAIN	ROMANCE	EXERCISE
EXAMPLE	SISTER	RELATION
INTERPRET	MOTIVATORS	IMPORTANCE
REPAIR	EXPOSURE	COMPREHENDING
COMPATIBILITY	INTELLIGENT	GRASP
RESERVED	STORING	WEATHER

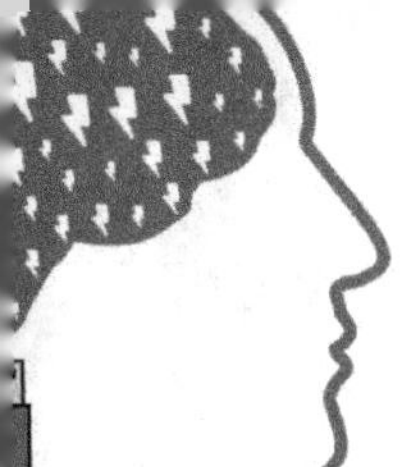

Puzzle # 47

```
H S A K K C L U M L A C I R T C E L E M K T J
U U I A U D Y F S D B S S R Z M N E M O N I C
N O P W C A R S E O Y E N P E S M E L B O R P
I I H H I G U L H G N N I I Z G I N X O Y A A
T C L M T Z J K L S Z P A I A R N C F I L F N
E A J K O H N G A W E D N H X D B A U E I R L
D R T X A E I T G M H R U Y P O S L O C S E T
D G R Q H S I Y P E J E B Y X I L I T N Y C D
P Y U I C O B V A G X G Y O X Q P I D A Z I V
S C S D N K Q R O L J A W C V R O E N T D P G
M N T E X O I S Z V O N E G O N S Y A P Q R E
S E W C R N P M Z U D A D V A S A V E E S O Q
P I O B G E I D M C E M V L J S E A A C Y C V
K C R D L T C T M L A C I T C A T U S C G I E
Q I T R E L A T I O N S H I P S V W L A K T A
L F H M J P R E D I S P O S I T I O N A T I V
J F Y G N J V O O Z X T Z L Z W I S R G V E S
L E G Y I W S H Q R E K W J H E O O X U X S O
```

EGO	CHAOTIC	TACTICAL
SENSATION	ACCEPTANCE	MANAGER
TRUSTWORTHY	PROBLEMS	MNEMONIC
INJURY	DISDAIN	EPIPHANY
ELECTRICAL	VALUES	EFFICIENCY
UNITE	ANGER	RECIPROCITIES
FICTIONAL	PREDISPOSITION	GRACIOUS
HEARING	GOSPEL	RELATIONSHIPS

Puzzle # 48

```
F M V N F T E N E T E F V Z C H T F Q I O L Y
Q Q N Y W U N W P E U A I T V X I E I F C E U
D U R N M N O I T A R T N E C N O C N R I H P
X Q Q S Z P D Q G D K I Q I R H Q P S A T C B
R I M V W M W C U I D G Z Y R O T S I Y E Y Y
O D B G H X A E W F W U E E E C P G G T G S T
V U Y O X C R V V E C E F N K A N G H I R P I
E L U T N E M N G I L A I V O I C E T L E T L
R G X V U N T G G A T J T J S A R U S I N L A
A K T V W M H G N X B C N S Y Y E T A B E D U
L E S N Y X P Q G I B M E B L Q D H J A K P D
L E T A I V E L L A D C S F I T N P E P X I I
E T H N I C I T Y C O N S J F T E J R A O O V
A O T V I S D H O R O J O K S E T C Z C H K I
Z C O N B Q O D P H J T H B J D F O Y B S B D
Y I Q H O G E C A Y J W C Y A Y U G D B M J N
Z L M P L A P P R E N T I C E S H I P T D I I
V M Q J X J C I V H A L L U C I N A T I O N S
```

PROCESSING	PSYCHE	ETHNICITY
FATIGUE	ALIGNMENT	STORY
CODE	DEBATE	CONCENTRATION
WARMTH	ENERGETIC	TENET
VOICE	INDIVIDUALITY	BONDING
HALLUCINATIONS	FITNESS	ALLEVIATE
APPRENTICESHIP	INSIGHTS	OVERALL
CAPABILITY	TENDER	EFFECTIVE

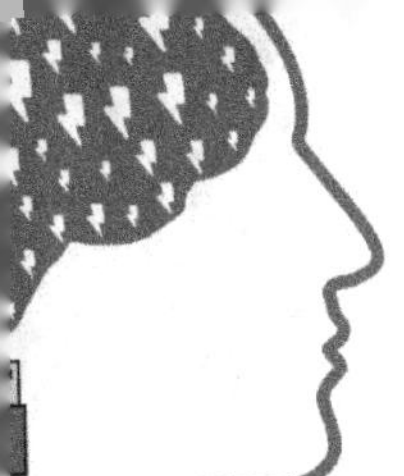

Puzzle # 49

```
Z N O I T A C I F I S S A L C H Z N Q Q Y M Q
I J F L I E V A D J U S T M E N T A O G S Z W
C D S C M M G N I D N E H E R P M O C I Z R C
O X F A S L O R T N O C F L E S A Q W L N K D
N U H M S I N Z Y D J J Y X N G U I D I N G U Q
J S Q C F K F E C Y T I L A U T I R I P S X G
E U A Y N A G X I T I D E V L O S E R N U A N
C X R G U Z Q S C I E N C E J E U Z A C A U I
T P G P Q U F Y E N R U O J Q G I C G A M A T
U U V M A U G M E N T A T I O N Q T A T N V I
R U Q P X Y Q Y K I G U V A I U X R C A I T U
E Z D Y U H R Q H N N S T O I L G E L E R S C
H E V X T K T O E M K X Y S H F F Y W O P E R
H O L L U G Z I T I M Q I W S F T P P A N C I
S H A D X E B N D S B T B Z A I O P C E Y P C
O E S G N I P P A M I E O G C I U E R Z M L A
H Z B X N O C X V O O H Y A N S F E I B X J N
T X U B G M M W N Q L Q L T D X S K W F R S I
```

<table>
<tr><td>MAPPING</td><td>SCIENCE</td><td>CIRCUITING</td></tr>
<tr><td>ADJUSTMENT</td><td>VIEWPOINT</td><td>SPACE</td></tr>
<tr><td>SELF-CONTROL</td><td>CONJECTURE</td><td>SHAME</td></tr>
<tr><td>SERENE</td><td>HISTORY</td><td>HEALTH</td></tr>
<tr><td>JOURNEY</td><td>CLASSIFICATION</td><td>AUGMENTATION</td></tr>
<tr><td>UNION</td><td>SUPPORT</td><td>SPIRITUALITY</td></tr>
<tr><td>ACQUISITION</td><td>ANALYTICAL</td><td>COMPREHENDING</td></tr>
<tr><td>AFFECT</td><td>GUIDING</td><td>UNRESOLVED</td></tr>
</table>

```
E B A Q M K G F N A T H N V V B N C R J M U M
T P T B W D M T X E C Z R J P H N C K K E V A
A Z H M D N E J Y N O I T C E L L O C V D H W
R W E M U O L O H X V M Z U I X M I R J I X T
B Q R A E I E F N O L R H O U N D X N Y A F R
I L A L B T C H I L J L T V O H B G N T T I S
L P P A E A T S O T N A R E P O J N S S E H U
A P E D R P R T Y I L F C C H T D I I I D I M
C B U Y U I I G D M R F I A A N N T H R C B P
I G T S T C C M S I B A T B D O E T P T O T Y
S F I B L I A X E O O O Y S U I M E D A R K T
C R C R U T L N T W F E L O P T I G E I T H I
K M E M C R D B Y H I L A L N O G R V H E Y L
B M B G D A B H H N N O R U B N E O O C X L A
U N L T G P D E U L A V A T I R R F L Y N F T
K E Q L B I F N C R M X P E Q I J Q E S M I N
J Y Q L O S R Q B F Z S Z P E F D Z B P X I E
N X V P B W U T F V A Q K B D T A D J E S C M
```

SYMBOL	TRIGGERS	FRIEND
MEDIATED	PARALYTIC	MENTALITY
PSYCHIATRIST	BELOVED	CULTURE
MALADY	COLLECTION	VALUE
ELECTRICAL	OPERANT	PARTICIPATION
RIFT	ABSOLUTE	RYTHM
THERAPEUTIC	NOTION	CALIBRATE
CORTEX	FORGETTING	REGIMEN

```
R S N O F B M T N M M I X T T B C O M T W E T
Q I W P K V X P R Z M V Y N G U Q V K G K L A
J H T J R S R A A O L Q E P H Y L I W X D D K
D A T T R I B U T E F M X N A P P E A L A I R
G A M M A J T R R Y N M E K H E F J W J J P M
Y S D X O S N V U E F V O Q I J I Y M C Z W M
T S S H A B S P T M E T H C S S E N D E X I F
K G L P O C T H J I B Z L G S G S E L Z Z U P
H S A L C I G D L A F L L S J I P C I R C J A
Y X P W U I E E Q A F F I R M Q D S T A T I C
R L H V L E R G K Z F T G N O C H I L L S P T
T N R N R T Q D T N G O S C G N S K P I W E K
S R E C M X O J V V Y N U U M N P U I N A T E
I L Q K U W I O L A R O I V A H E B O M B X I
M U E L B A E G A N A M N U L R C D M V U B T
E Q A E V X U N R E Q U I T E D R A P Z R S U
H B C T Z Q M U L L E B E R E C T K W F A E X
C Q P A I X M E C D S W A N T E J S O O X S N
```

CEREBELLUM	IDLE	AFFIRM
CHILLS	FIXEDNESS	NERVOUS
DISCOMFORT	CLASH	CHEMISTRY
GAMMA	PAST	APPEAL
UNREQUITED	ENLIGHTENMENT	CREED
RELIEVE	WANT	RUMBLING
BEHAVIORAL	STATIC	TEAMMATE
ATTRIBUTE	PUZZLES	UNMANAGEABLE

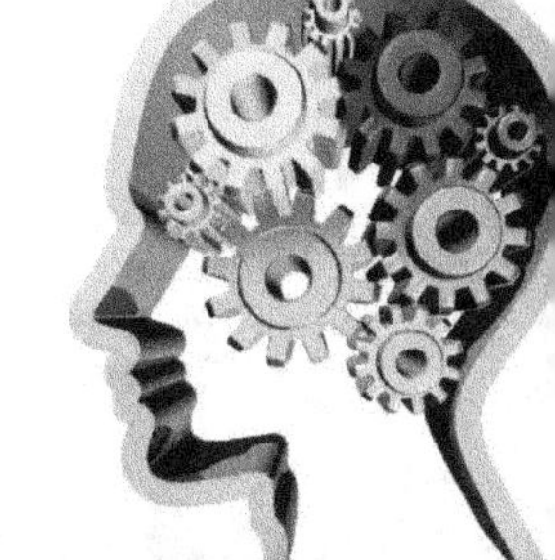

Puzzle # 52

```
A P S S E X P U C O N C E P T U A L I Z I N G
Z V P U U G G X T E D B A V L N N W A L J O
E D E S I R E A C S O C I A L I Z E X N K N L
G M I T T C A L F R E C O L L E C T I A C O U
X J H N W R M T L Y C J L V S E R H F R Q I F
A O E O I I Q R I G H G K R W W Z L N C L T T
L K C I B S U U N N A N W O D F Z O F I N A R
Z K N T F E T I F G O I F F P F I I R S D L O
C S A A L S X S E S T L V M R T T L E S A U F
M A B P S G M M R X I A B U A N X R F I U M F
S B R I Y N L S I B C E B I E J F N L S B I E
Q M U C N I L E O R Q D D S K F O Y E M I S J
R E T I A L P D R X V E S B B S L R X U Y A Z
X D S T P B H O I R M M H E A O U A M B Q Q K
N N I N T I M S T U V G T E D K C T U E O J E
A A D A I S V I Y T R P R R C O A E J H T Z Y
K T B P C S H P S B F J I G F E C I A O X E T
S I H H S B V E L Z N K E E A W I D J I N B W
```

REFLEX	DISTURBANCE	MEDIATION
ALTRUISM	SYNAPTIC	DIETARY
FITNESS	SOCIALIZE	REASON
RECOLLECT	EPISODES	DESIRE
CONCEPTUALIZING	SIBLING	SIMULATION
ANTICIPATION	CHAOTIC	CRISES
INFERIORITY	CODE	TANDEM
NARCISSISM	EFFORTFUL	DEALING

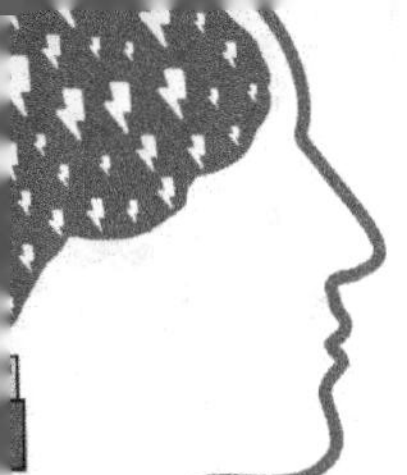

Puzzle # 53

```
W I A I S E N M A Y Q N M L L Q O C E J O B Q
R C J N X V S N V F E G I W R F K C W O V A I
R N E U R A L F O K A J B O O S T Z H U Z Q Y
G Q G Z N O I T A I R A V A T E B E E R V D L
P A R T I C I P A T I O N I E G C C O N Y I R
R C R C O M P A S S I O N F N Q N I L E D E Y
M U J N N F N H C F K G J X D A V E R Y T F F
F G N I L B M E R T W I H M I K Z X D R Q Q X
Z S Q I U V T B S G V H P L T I F P I E U S Y
A I O C I E U E V O L C L F R H Q E F D E R I
Y X X H O O P M T X P I K O E I V C F O F O O
W X Q A B K N R H U R D M W V E O T E C I T T
D E F F P O I E L B B E N Y I W K A R R X A F
J O L Y R Z Y C H R M I N M B F F T E G X V E
B I P O L T X E T N O C R K M H R I N A W I X
P E R I O D S N P A N Y C T A V A O C T S T Y
Y T L A Y O L C D E S I G N T W I N E U V O N
R T J J F P U Y U B C J U Z H A T X V C G M R
```

AMNESIA	PARTICIPATION	BRILLIANCE
MOTIVATORS	DESIGN	TEND
AMBIVERT	JOURNEY	DIFFERENCE
LOYALTY	CONTEXT	ATTRIBUTE
PERIOD	INPUT	CODE
COMPASSION	EXPECTATION	NEURAL
RECENCY	BOOST	RETRIEVE
TREMBLING	MEMORIZE	VARIATION

Puzzle # 54

```
R E A N D E V R E S N O C J F E L S E U L B D
M N L H T P W A P Y R M S E Y F I T C E R N C
V L U F L W M S B A M Y A V E N H A N C E O A
G I F F A I L U R E O D V I Y R F F Z Z L I I
Q G T P T U M R O F P E C T R R V G I K D T W
L H R Y I N T E L L I G E N T O A R K H E A S
N T O C L B E M A Y T L N E S R M N O W B R C
X E F Y U D U R V L H K D V N V R V O S V O O
D N F T L S C T B U V R L N J O G E X I R D P
H M E K G X J H U F T E Q I U F Q V X Y S A R
A E T N E M E V L O V N I G N I C I T O N I T
H N R F V B C A V E Z X M L X N H O V L G J V
O T S E R V I C E R R E M I N I S C E N T D N
E C A F R E T N I L Y V E Y G O L O P Y T E A
U N S X Y H P F K W H H Y B T H D J I C O S I
D F U J T Z R K C G V V J M F P M P Y B E I Z
E Y Y T I L A U D I V I D N I S C H E M A R L
N A T T R I B U T E Y F H P N C M L K M D E O
```

SCHEMA	NOTICING	INVENTIVE
ENLIGHTENMENT	CONSERVE	RECTIFY
DESIRE	VISIONARY	SERVICE
FORM	ADORATION	INVOLVEMENT
REMINISCENT	TYPOLOGY	INTELLIGENT
INTERFACE	ATTRIBUTE	ENHANCE
EGO	FAILURE	AMITY
INDIVIDUALITY	EFFORTFUL	BLUES

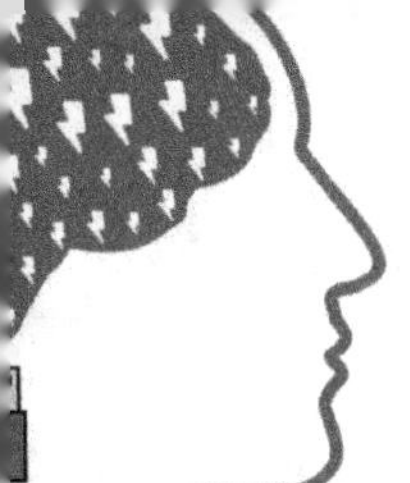

Puzzle # 55

```
O P N A T V B M Y T I N I F F A C R H C O W S
D M E D E B V Y G B L C G N S S S J Y S E C S
D M X R B I N D G F D B M N I V L Q D E C T S
V E B E M O T I O N A L E Y I Z A G G R N L H
P A V H O B Y F C I I T T H T N P F J V A B Y
L N Q L V Y B X Y O J W Q K A L R I I I L U X
D O U K O R V H F I N T E U M V F U A C I U S
I I A P C S L T S T F V Y I C A I F O E G I N
S T X M Z X E C T P K D E L V Z I O C M I J C
C P W Q E W B R M V D X S R D R B I R A V O Q
O E A R R H K L N U N T P H S I E V E I L E R
U C W R S Q C P B U J T O G A A B Q V D S I B
R R N K K K G S Y O C E T Y J T T H Y Q W T J
S E A P P R E C I A T E S P I A K I U F I T X
E P U I Y Y U X J T E R M I N A L P O W A C J
A G N I Z I L A N O I T A R K H O O R N F P L
N O I T A L U M I S H J F H B E S O T T E D G
V I N O I T A Z I L A R E N E G R S K S A T T
```

PERCEPTION	VIEWING	PALS
SERVICE	RATIONALIZING	UNRESOLVED
SIMULATION	VERBAL	BEHAVIORIST
TERMINAL	RELIEVE	DISCOURSE
BUDDY	GENERALIZATION	SPOTS
APPRECIATE	CONVERSATION	BESOTTED
SCHEMA	VIGILANCE	AFFINITY
EMOTIONAL	TASKS	MOURNING

Puzzle # 56

```
F T N E M T N E T N O C B Q J D G E F D M J R
C Q T S Z O X S V F N D D M N Y T Q S N C B Y
D V A M T I R G A K I N S G T F T S L I S X Q
E V N I R C N Y M W P H L P P K E I T Y U S G
V X Q T E O R S D E T I U Q E R N U K X S Z K
I X S T Q I M F I I F E H I P V E L D N Q D C
S G U E U N A O R G T V Z X T X I X O A G Y Y
S T B N I C P R U R H I E G Y K Q X R N O H D
E H B D L I P G G E U T F X P I A R Q Z T C S
R Z Y P I D I E L D D R F C C A S B S A H N N
P G A A B E N T X U Y O S U M S Z C P L O O R
E R J T R R G F V C G P E M L D I A D I Z K Y
D H C T A E C U S E O P N H A T Z M T P L O L
G U P E T A V L T D L U S H P L X C I F B H L
Q H P R I R Y I Z B O S O O I D A A K E I Q M
T N W N O D D G T D I X R F A C I L I T A T E
F M K V N O M P C C B B Y R E P E T I T I O N
E T A L U C I T R A A U N O I T S U A H X E H
```

MAPPING	APATHY	SUPPORTIVE
PATTERN	FACILITATE	DEPRESSIVE
BIOLOGY	EXPRESS	EQUILIBRATION
REPETITION	ACTIONS	CONTENTMENT
UNREQUITED	SENSORY	INSIGHTFUL
ARTICULATE	EXHAUSTION	SMITTEN
ACTIVE	REDUCED	COINCIDE
AXONS	OPTICS	FORGETFUL

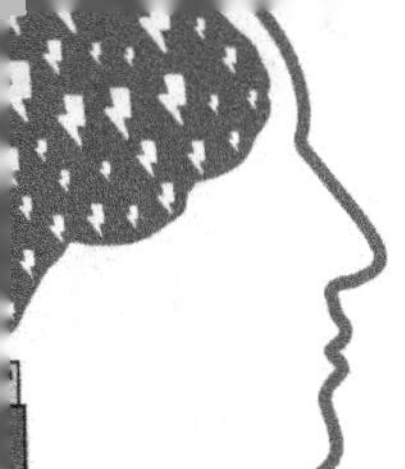

Puzzle # 57

```
R T J U Q M S G N C A C T F V L R Y E U I Y D
F S Y M K K E N E O W D M V L U F H T U R T N
C T C Y J J N I A D A A Z T J S F R Q D A C D
O I N A Q Z I P E O R P F I U T D R C E O J Z
N M A Q C G L O I O E A H F P V I V M M K R F
F U T U C N P L D F N H M B E L G D P J N P Z
I L C X M I I E S T E R C E S C E E E G R Y U
D U E J K C C V C D S I I Q N V T L H A E E O
E S P M J I S E O S S Q R O W E E I A T T C P
N D X C M T I D I C V T S O N W Q P O U L E X
C E E W J O D A Z Y W A A C L G A Y E N J A N
E P N Y A N O K N X E B E S H A V A R A S N Z
O E R P J C P N E R S R X H K T C S D U K S E
L N U P X W C N O I T A V I T O M F S H N M V
O D O A I Y I D L O H G M H P A X T Y A I T H
X M F D J D K H J O U R N E Y F A F Y T C R P
S T H G U O H T J B O T Y P S I I Z P Y N G V
V R E P R E S E N T A T I O N R N U W O D P E
```

AWARENESS	TASK	CONFIDENCE
EXPECTANCY	DISCIPLINES	FOOD
COMPETENCE	DEPEND	REPRESENTATION
JOURNEY	HOLD	NOTICING
SUSTAIN	MOTIVATION	IDEATE
SECRET	THOUGHTS	AFFECTION
STIMULUS	UPTIME	TRUTHFUL
REASON	DEVELOPING	CALORIE

Puzzle # 58

```
T B K N E U R O I M A G I N G G M K E S C S R
K E U S F Y I E B D P O M G N Q C H O Q R I E
J Y C K Q A E H C N T L A I G G O J M D Q S C
E S F E I L E B N E Z N S Z P S E N I M U X E
Q G N I K R O W E R L R E R G U T J C Q P C P
N O I T A V I T C A E L O M K J A F S S I O T
H A R M O N Y Y E V W L S N O S P I Y G S H O
Q E Y X M Q W Z N C O U K F L M X C K V X V R
W N E T V C U O A N V Z G K H A H C M T Y S S
S E X T E F C P G N D Y T I C I L E F G S T S
S Y Y T I R G E T N I C X S A R M J N E P E C
W J W D M E D U X S R M K T H D Z I N E E M E
D T X G D X J Y E H Y B R H X Y H D C W I T T
U Q O X J P W O W B L Y Y G N C A N X A U T P
T D T Q E R U L L A U X P G A L O V E O S C X
B S E L F E S T E E M E X E G C A J R Y R T F
P I Y H S S M E C L G G T E M O D G O V F K C
E E M Y Z S E V I T A N I G A M I H A G D Z J
```

DOG	PROLONGED	HARMONY
PSYCHIATRY	RECEPTORS	REWORKING
GLADNESS	ALLURE	BELIEF
IMAGINATIVE	SELF-ESTEEM	FELICITY
ROUTE	NEUROIMAGING	ACTIVATION
CONVERSING	TEACHING	CELLS
INTEGRITY	EXUMINES	EXPRESS
SHY	CONCEPTS	MOMENT

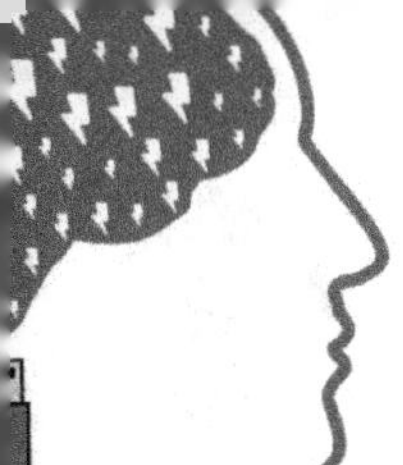

Puzzle # 59

```
A J D L R N F D B S T L V T P Q U T G V C M I
C L D G N I N I A R G N E L I S E D N W A H H
D E X I F X E Y T I M I X O R P C K I R R G O
A Q C J K L R S Q F K U Q G M I W X T R O N G
S S H G E O M Y X R P V L E Y O A M A F U I D
S F V M M J Y S H L E Z L V D R I O T X S G K
E Z L E A M V R I O J S I V T D E L I P A A A
N N M R Q X K F D H S N P I J S N S D O L T W
I K B D K A T L L T Y T C O C R L O E T W Z J
H G N I V O L E N D Y U I X N D D A M O O L G
T S N L T D U D M B L M T L E S H X U F M X U
R A Z C U E K D P A U T N H E G E W A S J K N
O M A J O F N L T V Y G C N S G G D H Y I S M
W G I J Q M G E Y F J T K C Z J I D K Z F V G
K I S Z B D M O T W A C O E C N E U R G N O C
R N G H N E W O Q H B G F W G G C L I Q Y D L
M E U W O N A V N S S E N D N O F O Z Q J U N
N S H Y C S K S A T W Y D E I F I N U D S B E
```

MEMORY	ENGRAINING	UPLIFT
CONGRUENCE	FONDNESS	COMMON
TASKS	HOSTILE	AGING
MEDITATING	UNIFIED	FADING
ARTICULATE	FIXED	ENIGMAS
HATCHED	TENET	GLOOM
RESPONSE	VISUALS	PROXIMITY
AROUSAL	LOVING	WORTHINESS

Puzzle # 60

```
U I A I H Q K D E L G A N G L I O N M K Q T U
E S A E N U S E T N I V E R B A L U R O D R A
H D E I R R I T A B I L I T Y R L E L X K J S
C E C J E J O H C E I U S R T T P F A N H I F
A V N E J D X G Y M G I J P I I V A Q G J Z H
T E E Y C G W I C G B W B P S C R Y O M V Z J
E L G A F S B S F F V L L O R E D F S O N T E
G O R T C L K R F E T E D X A L E R O E B L T
O P E T L J C A D I C E A C X J H U W U B N R
R M V E V E R F L L O I T T R L N L O A I E D
I E N N R J A R O E D I Z E R O I P E O P T G
Z N O T P V H R W R V P W X D V T G P E O H R
A T C I W E K W N E U A R B Q I A W T X B E M
T H A V T Y R R T I R L O X C N E I X R V T L
I C N E A K O C Y D N K P A A I T Q Z I D G H
O M X W B I U M E W M G L M V I F B R J E V M
N P X Q Q D Y T G P R R N C O Y R D W Q B P R
T N E M N G I S S A T U K N G O R W P X G P Q
```

LEARNING	ATTENTIVE	FARSIGHTED
DRIVER	CATEGORIZATION	EPISODE
UNEASE	RELAX	REWARD
REPETITION	MULTIPLE	ASSIGNMENT
CONVERGENCE	IRRITABILITY	VIEWPOINT
VERBAL	REACTIVE	GANGLION
DEVELOPMENT	PERCEPT	ARDOR
RELIEF	OPTICAL	UNMANAGEABLE

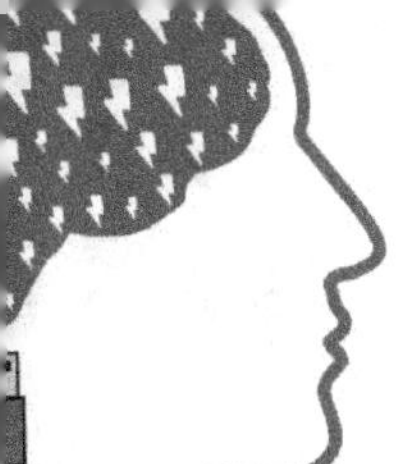

Puzzle # 61

```
H N O I S I V N E Y B T J C Y A S I N D I T R
F J G W V A S T V G E M S R C E R E B R U M U
O X Y Y B B C I R N O S W I J D Y S Q S V S W
X E T C N B H N N O T S W M R N I O U T P U T
Y L B L P U I T D I F C P M J T P N A C R H U
T P H Z Q K Z E T T M M E E S O A A C D Y L J
I M D S C B O R B A L N O L L A C I T R O C S
L O R A N E P P L L O S E C L T I U H G H D H
I C T S E P H R T U R E T G Y O L I G C C X E
B T D Z G Y R E U C I L A U A C C I L W Y T S
A D F W O T E T M I E D T Y Q D A E O C A S V
D F I Y T E N I G T N N I L K S K M R M J R P
N Z B X I H I N Q R T I D E Y L T X I Q C I L
E C C B A C A G H A E P E V T D C T X T F K X
P P E T T R J J I Y D S M B E S N B I G N I A
E E K Q I A L P E R S O N A S I W W W D K I D
D W Q G O P C W M N O I T A U T I S S P T S K
N I E G N H J B S A N T Y R G T L A T E N T S
```

COMPLEX	OUTPUT	INTERPRETING
LATENT	RECOLLECT	SITUATION
ATTACK	MEDITATE	INTIMACY
DEPENDABILITY	INTIMATE	PSYCHIATRIST
SPINDLES	PERSONA	GOSPEL
COMFORT	CEREBRUM	CORTICAL
ARCHETYPE	ARTICULATION	NEGOTIATION
SCHIZOPHRENIA	ENVISION	ORIENTED

Puzzle # 62

```
A S I P P R O P A G A T I N G Y G L S I U O Q
S S E N S S E L P L E H F N W Y N S C H M A D
D O Q P N C S C J W I X O W T C U R I W L D L
H W W L S S V V N U M I M I G R D P T G O A L
R E H T O R B D H E T K C N D U M B P G D B M
L M R U C C V E V A S I I I P W E V O I O I V
G S E X U H A I N E R L N W R L P P C K N V G
S M Q H S L T I V T A G Q Q O E E U O D K Z A
B Y S T I A G I N E R R A N D X Q D A C H J B
L G G N L A T E D O A F G C U K N M L B R K N
B P G U M A C L U O D I G T C E L L E T N I O
F S M I R O K P R L N H F N T O V W S P C Y R
R U U R G S D L D G E B M Q I L M U C Q I J M
C I A E S W A R M Q W C H D V K U P E K L S A
Q N O I T A C I N U M M O C I X A E A A K D L
P S E H S A L F H P V H Y H T Q M E G N M R I
P G P A S S E N I G D E D Y Y X F Z P M Y U T
V X J G K U G A A B M V M B M C J I G S Q A Y
```

MIND	PRODUCTIVITY	HEALING
GOAL	OPTICS	BELONGING
INTELLECT	SPEAKING	EGO-CENTRICITY
PROPAGATING	HELPLESSNESS	EDGINESS
COALESCE	CUMULATIVE	NARRATIVES
SWARM	FLASHES	IN-GROUP
IMAGINATION	ABNORMALITY	BROTHER
COMMUNICATION	ACCOMPANY	DEALING

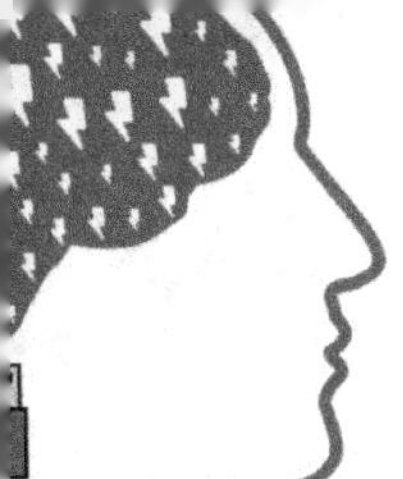

Puzzle # 63

```
Q D C I T E G R E N E S S E N S S E L T S E R
V F C P U F D E T E D R E L I G I O N M U Y X
S W W G G M E P I C K D P A T T E R N Z Q W N
W T W U E T L N M P R O B L E M S O L V I N G
B I E M U W P X E I S Z G O E R M K K U C D O
D T U Z Q D I H C J Q H L G H T S P E J O Q O
R E T L P S T T O S P T R A N S F E R E N C E
D S R B R R L W N K S I R M Z E A F U H C J O
I L G A O P U X S M Y D V H R H T S I X E O C
K U A W H X M S U Q C J N O W C Z C V E N X B
R T X C T S T O M Y H P J F W D L Z L J T C W
B U D D Y G W B I R I X W N P S W B P M R J T
U S D N E I R F N F A N Q H T N M S L V A S H
N C M E R S P F G J T E T D W I Y W I J T U I
S C I T A M E H C S R X K M N X D B S O E V R
N A G R O E R N D G Y W K B N J Y F T S D F S
U A R A U G M E N T A T I O N F I Q E R I O T
T X Y Q H I V J B X J M A C B D I I N C I P Y
```

TRANSFERENCE	WORTH	COEXIST
CHEST	HARD	TIME-CONSUMING
RELIGION	SHARED	PSYCHIATRY
NIMBLE	FRIENDS	THIRST
VOWS	PATTERN	SCHEMATICS
MULTIPLE	AUGMENTATION	LISTEN
ORGAN	PROBLEM-SOLVING	CONCENTRATED
RESTLESSNESS	BUDDY	ENERGETIC

Puzzle # 64

```
E C R P M F Y T N O I T A R E P O O C Y D V D
T G H G C S G N I R A E D N E S Z G X H I S U
D I S O R D E R Y D E C I T S U J A Q C A S I
P E A Y V S W Y I S W P T L H Z F M R X D I V
V R C F J P Q S B X T O Z V N P V M S O P O U
E U Y N L H C K V D G N P H N D A A R H X P D
V T Y G Y I I N V E N T C F O K I T O V D I Y
X C I C P Z Q O T J O Q W S R K H P L K F R U
V E N L N M C H L P I P Y Y M Y E U A F O O U
N J I R J E E K W E T S H J S L N N E D X T A
Y N M E E R C E N G A G E M E N T R P E F N N
E O W M N E H E R X L F H S G N E Z P Z K E F
B C U E W H L V R F E O S C K N H A A J E M L
R D S M U T T H G S V N Q F T E C N A D I U G
R S M B Q W A M U J E T S I R T A I H C Y S P
N C X E W R G B F S R S A C O M P E T E N C Y
I Z Y R D T T Z S R O T B W P J F G R Y J D Q
P Z F I C I B U X L E E X P E R I E N C I N G
```

RECENCY	COMPETENCY	HARD
REVELATION	REMEMBER	DISCIPLINE
APPEAL	CONJECTURE	COOPERATION
GUIDANCE	TOGETHERNESS	HOPELESSNESS
GAMMA	NORMS	JUSTICE
ENDEARING	ENGAGEMENT	RODS
DISORDER	EXPERIENCING	INVENT
PSYCHIATRIST	DIFFERENTIATE	MENTOR

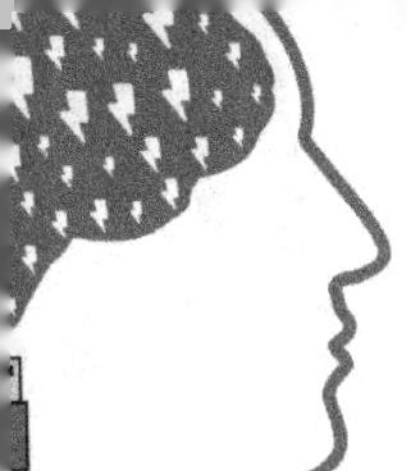

Puzzle # 65

```
H F P X H T G N E R T S B K T H Y X G A Y P A
X K Y D H L Z N C L P T D R W L R F T D T Q Y
Z L T D V F C Y Q L S G K G A Y V A E H P B T
P H I F U X O X M M S M U N S D O T I N G D I
D I V S I G M B L M E F A I S G V A X O N S L
W J I X Y Z P L N I N B W Z I A A R O J Q O A
U O T T H E L B A T I R R I M Q T H Y S P N N
N V C D V P E W F Y L L A N I J P E I T L G O
T X A I Y X X A Y D D A T G L G A I D P E H I
Q S R R V X I K H Z N C E O A X R G W E H B T
V E E S I S T E R W E I R C T D D H V C F R A
R L V U L I Y P X S I T J E I N F T G N L S R
V V O M I T I N G F R E X R O E K S A O E P C
E X H A U S T I O N F R J C N V B G D C S S D
G N I Z I L A U S I V O H L A M I X O R P A Q
K M P E X G M I N O P E B A L A N C I N G Q S
P I Z Z Y M T C F O I H J Z K B M E P B M P W
G G A A Y X S Y H S C T O T L D M X E T E U H
```

ASSIMILATION	THEORETICAL	HEAVY
EXHAUSTION	DOTING	VOMITING
VISUALIZING	FUSION	AXONS
COMPLEXITY	HEIGHTS	RAPT
SISTER	RATIONALITY	RECOGNIZING
IRRITABLE	SHY	BALANCING
PROXIMAL	CONCEPTS	SELF-HELP
STRENGTH	FRIENDLINESS	OVERACTIVITY

Puzzle # 66

```
N E M X H U R S Y V K A F F I N I T Y V J J Z
O E R D T E B K S Y Y O V J D A O Y W U Y E N
D H O K I K H I F L O N G T E R M B N R J V O
Y F N R C C N N W T O L A Y O L F G H Z S O I
W L R V G F M N S S E N T H G I T E B W S L T
W A A B X G O E Y P G Y B C S U S W M I M F A
B K V L J R W R F H V P D B T W P M F J A O N
E G A S H I F T I S U O I N O M R A H U Z R G
Y I I N Y O B S E R V A T I O N A L M A Q E A
D R L C O J T D O S C I L L A T E S I N R W T
L J A K F I F E V I S L U P M O C S N N Y O S
S J B I L E S F F R M G O J W H B U D O D P P
M K I S I Y O S E E E M U I P E M Y S Y B E W
D U L S L H Q L A N U S C S E B W C E A S H N
L C I A P A T H Y P O B P Y N Y W H T N E T T
N W T R W Q A N F S M G C E V T N D Y C Q F F
J I Y V E S I C L E S O S B C T H W N E P W C
X G M H N C P W X M S S C R R T K M L Q I B Y
```

MINDSET	LOYAL	RESPECT
OBSERVATIONAL	OSCILLATE	KISS
NUMBNESS	COMPASSION	STAGNATION
APATHY	BARRIER	TIGHTNESS
AFFINITY	SKINNER	SHIFT
ANNOYANCE	LONG-TERM	THEPOWEROFLOVE
JUNG	NORM	HARMONIOUS
AVAILABILITY	VESICLES	COMPULSIVE

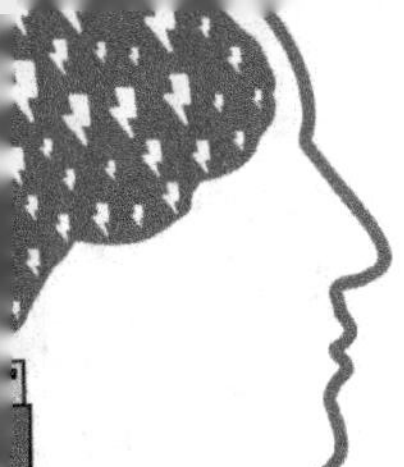

Puzzle # 67

```
Z I Q C U D L L D K N O I T N E V R E T N I A
D N K Q N C U Z P O G L O B S T N S Q R O G W
G O F E G N I N N A C S O Y C O P K M C I Q M
M I M X I I H A O Q N V E L O S N O C B T B Q
J T N Y P N X P C U U W N T Y W R A F K I F B
E P U T C S O A U L P A T H W A Y S G R N C A
T E A E E I D M Y O E Y S R S V J H V P G Y E
K C K I N G K I C H U M E S F C Q A X S O V H
J R V L J H R C L S T W C T C R N P H V C E X
D E V G L T R A J R S W N A Y P E I M S A T Q
Q P B V A F E B T N I O E T Q A F U Q A T A J
E F F D N U H L A I V D I I G T M Y D D E U P
B L N L G L P E B O V N R C F T S D L N M L G
I E A W U U T E K I N E E D D E D L D E K A Q
U S W A A C K X T H S X P Z E R B M H S C V W
M F D V G E G M C Z W N X Y U N L Y B S H E E
Y S J R E B A I O T Z P E R C E I V A N C E V
O V I E W P O I N T C X F S R E V O C S I D B
```

FREUD	INSIGHTFUL	ANSWER
INTERVENTION	METACOGNITION	MEND
STATIC	DISCOVER	SADNESS
PATHWAYS	CONSOLE	SENSIBLE
PERCEIVANCE	PATTERN	VIEWPOINT
CHUM	SHIFT	SCANNING
LANGUAGE	AMICABLE	SELF-PERCEPTION
EXPERIENCES	EVALUATE	INTEGRATIVE

Puzzle # 68

```
G R F A O M O J Y C O Z Z Y W L Y X X X O P S
D D F L A F U H L G Q N L X Y A S T T F H V T
E I G P D M C O M P L E X E Z C S N Y G L I A
D F S P O X A Y Q E S J Q I B I F E A N G H C
U F E A L H T K F I P H F Q R T B M Q I H B T
C I K K E S R E C L A I M M M P T E L V S O I
T C A G S R X E S P B L I E B O V G A A I L L
I U N X C G R H T W B L J G E I X A A R W M E
V L S H E P F P O T L W G U S P M N A C O B N
E T M Z N G U M Q N F E P Z N Q N A M T E G R
T X K J T H X U E W V D I V E V Q M I H N E I
P F C O N F U S I O N D T Y F W E V U I C G N
W V O U S R S K X Q S I C J E A A J R E K G L
E D G Q Q R K Z W I Q N K G D T R O P R H K O
S N O I T C E L F E R G M B O O T T U N F D V
Y T I V I T C A R E P Y H R M S O Y R D S G E
D E T E R M I N A N T H S G V R N T T X D Q E
D I S C R I M I N A T I N G S U T A R A P P A
```

DEFENSE	APPARATUS	PRECISELY
MOTIVATORS	RECLAIM	HYPERACTIVITY
CRAVING	DIFFICULT	CONFUSION
REFLECTIONS	SNAKES	DETERMINANT
STORING	ADOLESCENT	OPTICAL
INLOVE	DISCRIMINATING	DEDUCTIVE
COMPLEX	TACTILE	WEDDING
ILLNESS	RECEPTORS	MANAGEMENT

Puzzle # 69

```
L O Y J B T T A Q Z A Y G O L O E H T U Y N I
V L R X D E N R M A G G P C L E A R L Y A K O
T X X N K H E E V Y W D F P V C L O Y A L M H
S D Y W N I G T M X S Z C C V Y L E S O L C T
Y Y D O O D I M F E I T F U N C T I O N I J Q
L X B D I E L R D K V Q E S L S S C I T C A T
F B C P T Z L E B R J E I R D I H Y Z A L G G
M O R O C I E T V B Q I I X Y S Y X G M L B N
K Q Z T E N T N R B M H H W A T S H O V C I I
A B C E P A N R W L O S S G C F B G S U I V T
T T H U S G I O P Q Q Z R D U A Q A T F A H R
U U I I O R G H E R I S E D Y B I M I X W X O
F K X H R O N S E E K Y T J G T N M L P F E S
C A Q P T S I D Y F L W D P L L S A L V G N V
X K P F N I G I L V H E B H Y E T A M M A E T
G T F P I D A A L L U D E M E V K S T X R U N
D P S Z F X C T X Q E Q Y T F U W U E D Y X V
G W O A V E C N E R E F F I D U C Z S U R E V
```

ACHIEVEMENT	STILL	CLOSELY
AGING	INTROSPECTION	DISORGANIZED
FUNCTION	MYSTERY	DIFFERENCE
MEDULLA	SORTING	DESIRE
TACTICS	TOP-DOWN	THEOLOGY
CLEARLY	LAZY	GAMMA
SHORT-TERM	INTELLIGENT	TEAMMATE
LOYAL	AXIS	LOSS

Puzzle # 70

```
C H C O U N S E L I N G E T A M I T N I Y D E
E E J C A Y F P C F X X C N Q P G G U I M D M
Q X I N A T T E N T I O N G Y V M N Q N L V A
H O J S Y O V R A Y T N S F T X A I J C X Q C
W F W F T D C P Y B Q E H R G Y R T Y L G O I
M O D Y I N V L F I H M I R V S R T R U B G A
N G H Z N P C E P T G C R E Q H Y I A S C K T
N O U A G N Z X G Q K U L K U R W M N I P S I
L G I G I A J X A Y G N O T E I D S O O Y S O
I L T T D X M B E H A V I O R S O N I N D X N
T R S R A E F U R C I T N A M O R A S I S U P
L W P U K T S E S O F Y J H S M N R I O R J B
O I J R M G L N Z C V A U Y N F T T V L D Q N
C R O N I E S U T F L O T F V N S W O V H L K
G D Z Z R G H C H E D E F U L F I L L M E N T
O X T I N L A W B A Y A S M A R T S J Y D Q W
E C N A R U S S A A X O D W Y Z B U L I M I A
C O P X U Y W Y M S S E N E R A W A F L E S I
```

FULFILLMENT	TRANSMITTING	MARRY
EXAHULTATION	ROMANTIC	INATTENTION
SELF-AWARENESS	INTIMATE	BEHAVIORS
PERPLEX	EMACIATION	DIGNITY
INCLUSION	MUSCLE	VISIONARY
FEARS	NOTE	ASSURANCE
COUNSELING	TRICKY	VOWS
SMARTS	CRONIES	BULIMIA

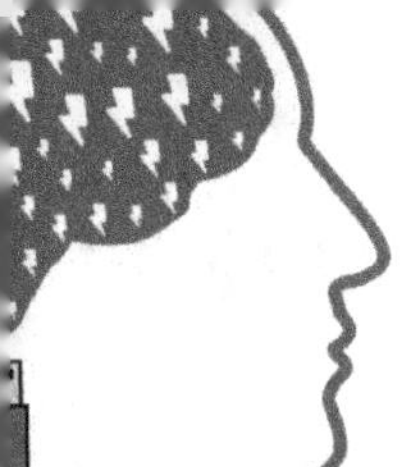

Puzzle # 71

```
E Y B N Y Z W L F G T V R F M K W F V J U R G
C S Z U I F R E B U I L D E E L D D U H P E U
N F T Q L Q I R B Z C L L I T S N I S M R T L
A K K E U C E T K U I K N B H T Q D D S S E O
L Y P B S T T J N D Q J O J B E S F A M P N V
I C T R R C Z S M E U Q I O K Z T M O P J T I
G P H A W V D B A P D Y T S L I R Y R R K I N
I T C M A K I N G E H I A U B S E U S O S O G
V E D P A T T E R N S E V E H E S S S J H N H
P Y E R R L G X H D A X E R G H S J O E U J M
O R N Y E L R K I E T T L S G T K S R C L T W
W O D H F E R H Z N G R E E M N Q U C T A O K
K T R H I E J N K C E I O G U Y A W B I W Y R
W C I Y L S B N E Y N N L E L S B S M O J F J
L A T O Q Q T A X M E S N W X H E P C N F G H
Q F E L B K F O A P R I H W Y G V C R A A B J
W L S I M F K V R A G C K L O D G Z W M B G T
C O B I V E K Z J Y Y T C R Q L F W E G V S T
```

PROJECTION	SYNTHESIZE	LOVING
ROLES	PATTERNS	DEPENDENCY
ENERGY	IDENTIFY	RETENTION
INSTILL	HUDDLE	ELEVATION
CROSSROADS	EXTRINSIC	VIGILANCE
HISTORY	DENDRITES	GAME
MAKING	OLFACTORY	REBUILD
STRESS	RETRACE	CLUB

Puzzle # 72

```
S C F P A Z U M L A X B E P I O Y S N S X N V
Q T J U Z J H N Z E E C I G E T A R T S H N R
W M I A W J Y O N E C N E I C S O R U E N I W
B M A X C Q Y I N H Z W F G P W R F U D D B T
X W C I R M S S M K S Y M P A T H Y S S S R J
Z Z M S A U S U I M P A I R M E N T U W H T X
S I M S W E L L I Y T I C A P A C M T K T H Q
R Q T G N I T C E L L O C E R P A V E J Y H D
D E Q Y L Y M N C Q Q W F U U L D U P L M D S
R W K A C Q U I R E D B R E A T H V M O E W W
S K T G L V T A T E P E Q H O G U M I P E U W
K G O E P C A R R Y C Q T M M W F S E E K O T
G L F U E N T R O F M O C S I D N T Q I P W
S Q P Q D B R I L L I A N T P O D H Q K Q Z E
Q E V I R Q Y J X V B T A L K D E B Q I G F B
Q R W L S E N S I T I V E M B A I X I O H T P
O Q G C J B R A I N P O W E R N N O H L U U Y
S C A N N I N G P D X O B T H G I L T L N A C
```

THALAMUS	IMPETUS	CLIQUE
IMPAIRMENT	SCANNING	CARRY
ACQUIRED	SWEETHEART	SYMPATHY
RECOLLECTING	INCLUSION	BRAINPOWER
BRILLIANT	CAPACITY	AXIS
SENSITIVE	MYTHS	STRATEGIC
NEUROSCIENCE	DISCOMFORT	DEPEND
BREATH	MASTER	LIGHTBOX

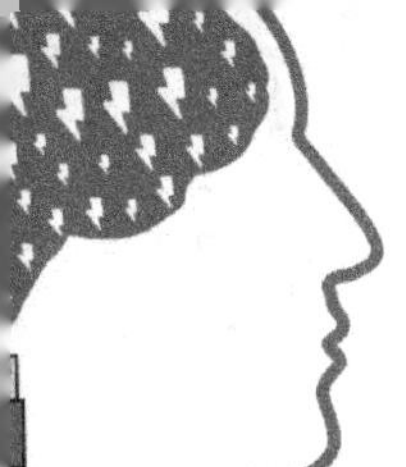

Puzzle # 73

```
J T D A M Y E P R P C T L O H T A L W U X R C
U S N X Q W X A X P O N X X P L V N F J V L P
T F O L J Y E Y V R L E W M A Y D G Z O V Y H
R E R L V T M E P O L G S Y N C H R O N I Z E
A A M H A R A A T S E I T E S I V D A E Z A M
O R P Q N C P K E O A L D G T W T B U J W Z T
R S S E P E I W Z C G L P Y R Z Z L E K B H Y
V E Y G C T R G M I U E H N L A N D M A R K S
V L C D U L P V O A E T F A R S I G H T E D E
L C H E Y I U S O L U N T B N A K D U T E Q Z
P I O L L T N Z V U O I R S P I R I T U A L P
V S L W G R Q S J S S H F V V L N U J K L L M
T E O O F G Q K T I N N C G N S R N L I O O K
W V G N I Y J B M I U N E Y W D E I A N Y B E
K J I K I F L E A R N E D S S P T F B R A K T
D G S C J F C O M D I C H N S P T I R J L B M
J H T A L T Z P X Q P R T F L A A E E Z T F B
X A X U T C O E Y X H J N V A R P D H D Y X Z
```

INSTINCT	TALK	ADVISE
PSYCHOLOGIST	SYNCHRONIZE	FEARS
NORM	FARSIGHTED	PROSOCIAL
PSYCHOLOGICAL	ACKNOWLEDGE	LEARNED
VESICLES	PATTERN	LOYALTY
COLLEAGUE	HERBAL	MAZE
SPIRITUAL	INTELLIGENT	UNIFIED
NERVOUSNESS	LANDMARKS	TEAR

Puzzle # 74

```
A T E V S V W M Q R B E E C N A H N E A Q O N
X G C J N M G T H A D S T H U B I N D T R N I
D A N F H C H B N I E Y H L W D I J T L G M N
F W A Y D R H D F N Y T I V I T C E J B O S M
S S L H A R A N S N I J W M O R A L I T Y T A
E E I T N G O E N O I S S E F O R P H T L N M
T L G A E C S Y H F O K V I M V W D H M R I O
I F I P C W H O T B H I E H M Z J G Y V B R P
S C V M N P Y P S W T C Q A Y H I T H E H P U
B O R E N R V E K R I H O O Z S Z G M O V M F
E N E V L D R U E D F P O N E W T O G A N I L
W C P T G V J S T P D X N R N Y H N N M M Q O
I E Y L A B S A K N F M O E M E Y E Y R X U D
O P H N J A V C G S A F X X L O C S E G N I B
Y T C S X E P G Q S Z T I K C F N T A C G G C
K E K E F G N I Z A G P S D D A Y A I E R K J
W L A M G O D O P C S I I N L O S N L O F S P
K B J I M P U L S I V E J C I S W Z P N N M H
```

MORALITY	SENSE	ENHANCE
HYPERVIGILANCE	CONNECTION	CONFIDE
ASSERTIVE	HORMONAL	SELF-CONCEPT
OBSERVANCE	CLANS	IMPULSIVE
IMPRINTS	EMPATHY	DOGMA
BANDAGE	WEBSITES	INSTANT
OBJECTIVITY	PROFESSION	FORESIGHT
HOT	GAZING	BINGE

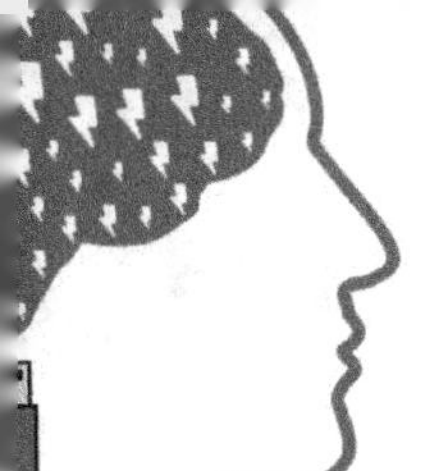

Puzzle # 75

```
S D T A C Q B Z I P M Y N P X K Y Y O R X Y N
A T C P O U Y O J G Y I N T E R P R E T C I K
Y L P O N H Y Q E O X C D L N T M I X B B V P
C P A I V R E T S I S S S E N T R E L A F A C
N Z X B E A H A P U G G A L P R O T E S T R H
E N U J R Q Q A A I B K X P O W E R I T P H V
I I P Q S E I E L C M Z E M P J X J E N A Y C
L W X K A B H M E S S E N S U O V R E N B T Y
I N N K N L V G R H U F Q I F Y N L P D A H Y
S B Y Y T H P U H C T A P I I S U G O T N M R
E V S Y T N E M E G A R U O C N E O T Z D Y O
R J J N B D X T N O I T A V I T O M E H O G R
K G Y B G R K B Y X V M A S C E Q L N F N T E
S B D K J I F F S U V O J M T A B A T H M Q S
Q Y O C W F S B G T Z Q E L U A L E I F E T W
J S A O E X P R E S S I V E D A G Z A W N F I
E A F H K W W S X W N V K O R D R E L X T I Y
R X Q J O S B G I Q U N Q I H N V T S H T X B
```

MOTIVATION	ZEAL	FIX
NERVOUSNESS	POTENTIALS	ENCOURAGEMENT
PROTEST	SISTER	TRAUMA
RHYTHM	ABANDONMENT	BOOKS
INTERPRET	SIGNS	CONVERSANT
RELAPSE	RESILIENCY	PATTERNS
STAGE	POWER	PATCH-UP
HERBAL	ALERTNESS	EXPRESSIVE

Puzzle # 76

```
Q X C Y C L I N G E K B S C O G N I Z A N T B
U Q Q B Q B T M T J G F H Z Q Y Y N Y F B F G
O G I O G Y B G R B M N A P H U L A L Q G Z T
T E O X H P I L E C C R D Y Z I V V A V F J H
C O N C E N T R A T E M O J D R F I I D S W S
Q R W N I S N G C E I K W L C A J G R O B Y Y
E C I O H C E V T Y P P A C N E T A O T M O S
B I U P P C I Y I C V P A T O Z Q T M E G R P
E J G T A K T O O O S F A A R G O E E S E L H
T X Q Q J O A B N M V X F H L A Z Y M S Q E S
E I C J E F P J I M Y E N Z I P P I A F T V E
G N U I L D I E U A T J R B C F E E I I I H S
R T E R T A A C C N I K Z A E K T I T C I A A
E I N Z R E U T T D R O D S C N K E K V O K E
V M O L X J M T W S U L J A I I P W A R M X L
N A X P E V M E U R T V H A G P T J K J R B E
O C Q Y W J C P N M A N R Z A C U Y N Q Q Y R
C Y A R Z Z G R F T M B B R A I N S T E M C F
```

SHADOW	APPEAL	VERACITY
REACTION	BRAINSTEM	CYCLING
EXCITEMENT	MUTUAL	MATURITY
MEMORIAL	APPETITE	CHOICE
NAVIGATE	INTIMACY	COGNIZANT
DOTES	CONCENTRATE	BRAINTEASERS
OBJECT	COMMAND	PARTAKE
PATIENT	CONVERGE	RELEASE

Themed Word Search Puzzles: Issue 7

Puzzle # 77

```
K L Z O Y H B B F C O E X I S T R Z R Z M J X
Y I P K T F R E M I N I S C E N T I E J G Z Z
T F M O J P C F R R S O J Z I W Q C A Y I H E
I Z O P O N D E R L E S O V F A C Y C L I N G
L V R F A L G B E A O T E U N M N S T P M H I
I Y A M O A U Y A T T S Q N O O G Z I B C Z L
B T O R D I A F O K S F Z L I H H U V H I W H
I R M E I Q S S E E R F N T T L E Q E U M G B
S Y H N B A Z C N T A D A Z A N E V I S I O N
N M M N I D B L F H A R A I R O X V R S D S K
O W I A L U L L I J O H S J O I A I O F G E J
P T Y M Y I Y M E D Z H S S B T B G G L F X V
S Z N M K I S S A L J I E W A R I L R N B B J
E D E V E L O P M E N T R S L O L E A Y Q S S
R X S I C J G I J K R K T K L T I L S F Z N V
V A L L I A N C E W Y Z I X O S T K P S W S W
F L A S H E S O F I B R O Z C I Y O H E M X D
F C Z X E A C Q W K F I N D U D U T A I P F R
```

LIBIDO	COLLABORATION	REMINISCENT
MANNER	ASSERTION	KISS
LOVELINESS	VISION	ILLNESS
VARIABLE	ADORATION	PONDER
REACTIVE	ALLIANCE	COEXIST
GRASP	DISTORTION	FLASHES
DEVELOPMENT	HATEFUL	ROMANCE
ABILITY	RESPONSIBILITY	CYCLING

Puzzle # 78

```
W S F R L L G B R Z N K G F R S R B A G Z B S
T N E M H C A T E D C R M I E E Z D W Z K K G
S C D I S A G R E E M E N T S P A T I E N T H
I O L T D U P M X T R P D T P D E D U C I N G
S N U A O P L E H O D O V S O S H Y D Q T J H
Y C L T M D F R P C D S Z M N D U O C W M O I
L E G J N I O I R U O I O Y S O P R E A L G P
A P W O Z A X P M B G N E L I O Q F P M G M E
N T E R D P T O K Q Z G P K V M F C P R M E M
A U A Y I R P S R I B O T X E I E Q G J I N L
O A T P V O Z W N P E V I T C E F F E B P S R
H L H V E S F J W I P W C I E Z K X P L J E E
C I E F R O S E N T I M E N T A L I E R G D B
Y Z R B G C A E Z S L N O L W G U A E U V Q C
S I N O E I X A M I C A B L E F S P L W C B N
P N E C N A E V I Y V L X R K U N A Y W O X V
M G Y I C L D A V J U P H M R V T Q L M P N E
A M A X E C E L E B R A T E O E P F Q K E J D
```

PSYCHOANALYSIS	EFFICIENCY	COPE
SURPRISE	DIVERGENCE	WEATHER
DETACHMENT	RESPONSIVE	MOOD
LEGACY	SENTIMENTAL	DISAGREEMENT
CONCEPTUALIZING	PROXIMAL	AMICABLE
REGULATE	PATIENT	DEDUCING
PLEASURE	REPOSING	CELEBRATE
PROSOCIAL	INSTANT	EFFECTIVE

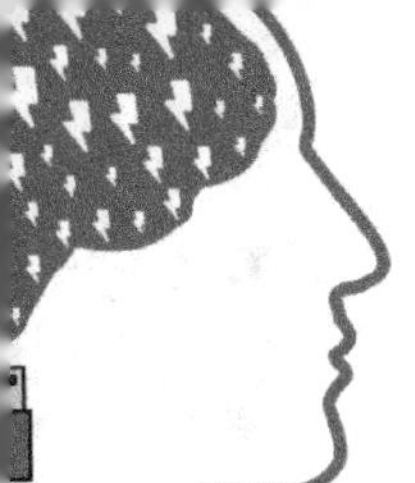

Puzzle # 79

```
T U H S F Q T E D I U G K G R G S A R V H O O
V C Z V L T F G W I X Y C J P E X X Y J D N Q
C M A F P A N H N O H F C O W A G B F H M A V
R E Q R E Z B E J I R P X N N X M I X Y V V T
E E V L E X D F M K P E P G E S G Z M O T Y P
A I V K R T Z P W P X O O S H D C Y I E T V R
T N A I P I N I C J O T L L M B N I P I N D E
I D L G T P D I Q P J L S E B U X E O R M C S
V I A N Y I I E B X H A E O V N P J P U N J S
I V N O J P S H N E L X G V D E H X V E S L U
T I O I C Q V N L T A Q H X E C D X G F D A R
Y D I T O G E Y E Y I J C J U D H R V D L U E
M U T I N B R M T S L F T W G B E I F V U T R
Q A I B F T A E Q H I W Y L Q V K Y Q H I U L
L L D M I A C D M X M J Q L I Z V K T X R M T
B I A A D W I N U S A K M D R E C T I F Y H I
P T R L E C T A X V F N E U R O S C I E N C E
F Y T T N V Y T U L I L F O L V E J R U J X K
```

CONSCIOUS	DEVELOPING	FAMILIAL
NEUROSCIENCE	VERACITY	REGIMEN
DIVERGENCE	GUIDE	CREATIVITY
INTERACT	RECTIFY	MAP
TANDEM	AMBITION	MUTUAL
CONFIDE	PRESSURE	IDENTIFY
DEVELOPMENT	PEER	TRADITIONAL
INDIVIDUALITY	SENSITIVE	DEPENDENCY

Puzzle # 80

EGO	MINDFULNESS	ADORATION
CHUNKING	KINESTHESIA	PARANOIA
ANXIOUS	COMRADE	NEUROGENESIS
LOBES	HOARDING	DIZZINESS
BELOVED	INTIMACY	APPOINTMENT
CLANS	NAUSEA	RECEPTIONS
INDUSTRY	INVESTIGATION	REPAIR
PERCEPTUAL	CLEAR	TURMOIL

Puzzle # 1

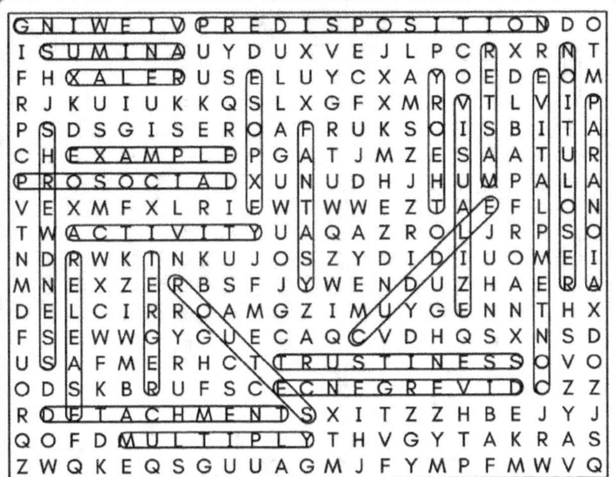

THEORY	VISUALIZE	REGRET
FANTASY	RELAX	PARANOIA
EXAMPLE	TRUSTINESS	ACTIVITY
MULTIPLY	EXPOSE	SHREWDNESS
MASTER	PROSOCIAL	DIVERGENCE
CUDDLE	DETACHMENT	CONTEMPLATIVE
ANIMUS	VIEWING	RESOLUTION
PREDISPOSITION	ROUTES	RELEASE

Puzzle # 2

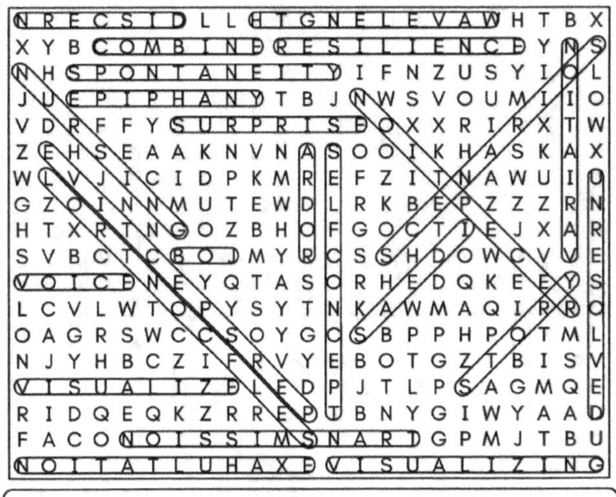

SPONTANEITY	VISUALIZE	VOICE
EPIPHANY	VISUALIZING	NURSING
EXAHULTATION	ARDOR	SELF-CONCEPT
WAVELENGTH	VARIATION	JOB
IDEAS	RESILIENCE	TRANSMISSION
UNRESOLVED	SELF-CONTROL	SCENARIOS
SURPRISE	DISCERN	COMBINE
PERSPECTIVE	RECEPTION	STORY

Puzzle # 3

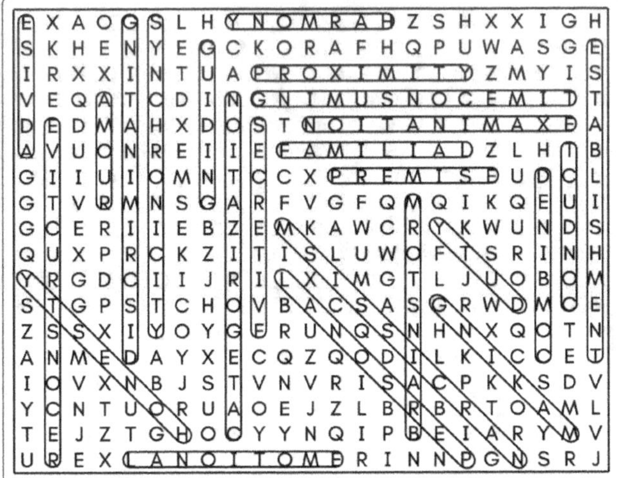

BRAINSTORM	DUTY	ADVISE
EMOTIONAL	CATEGORIZATION	TIME-CONSUMING
NARCISSISM	PROXIMITY	RECONSTRUCTIVE
GUIDING	PERSONAL	EXAMINATION
HONESTY	MAKING	PREMISE
COMBINED	CONDUCT	HARMONY
SYNCHRONICITY	ESTABLISHMENT	FAMILIAL
DISCRIMINATING	AMOUR	SECRETIVE

Puzzle # 4

SIGNAL	CRISES	BOSS
REMEDIES	TIGHT	LIGHT
DESIGN	PRIVACY	DEDUCTION
BONDING	SUDDEN	EXCHANGE
UPLIFT	MASLOW	TWIST
MANIC	APPEAL	INTERFACE
HEURISTIC	RESPOND	RECONCILIATION
ANALYTICAL	HEARTFELT	EXPRESSIVE

Puzzle # 5

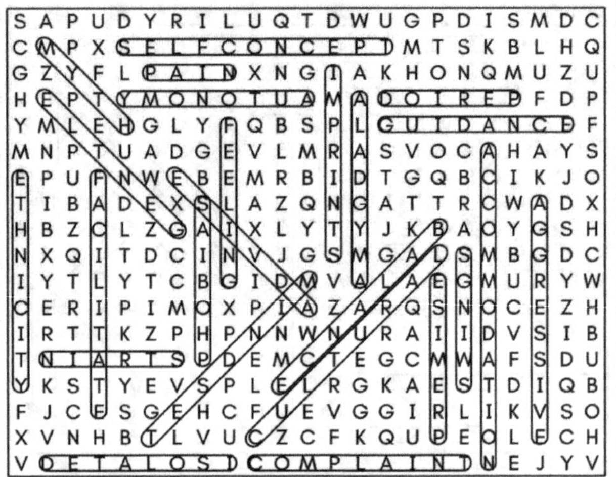

MINDSET	AGGRESSIVE	GENTLE
AMYGDALA	GUIDANCE	SWINGS
PAIN	FACILITATE	AUTONOMY
PREMISE	ETHNICITY	PHOBIAS
IMPRINTS	ACCOMMODATION	CULTURAL
ADVISE	SELF-CONCEPT	BALANCE
MYTH	STRAIN	COMPLAINT
FEELING	PERIOD	ISOLATED

Puzzle # 6

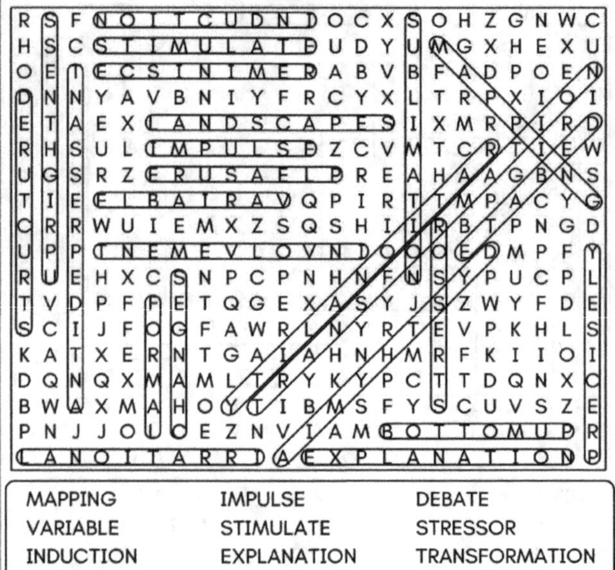

MAPPING	IMPULSE	DEBATE
VARIABLE	STIMULATE	STRESSOR
INDUCTION	EXPLANATION	TRANSFORMATION
REMINISCE	IRRATIONAL	RATIONALITY
PRECISELY	PLEASURE	UPRIGHTNESS
CHANGES	BOTTOM-UP	LANDSCAPES
SUBLIMATION	INVOLVEMENT	DYSTHYMIA
FORMAL	STRUCTURED	ANTIDEPRESSANT

Puzzle # 7

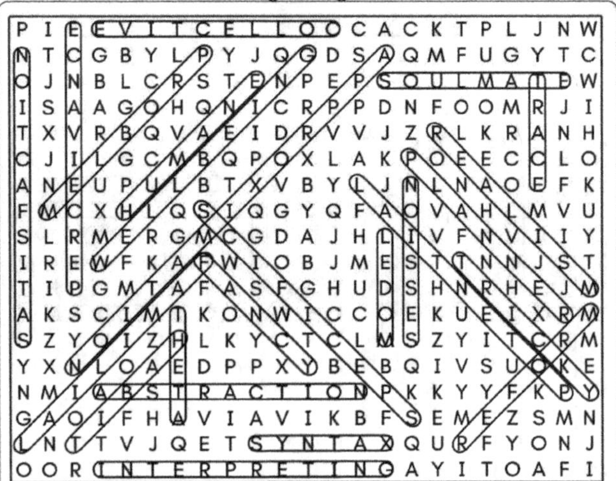

COLLECTIVE	SATISFACTION	PERCEIVANCE
MODEL	SYNTAX	FAMILIAL
SESSION	TRICKY	REALISM
ABSTRACTION	HUMANE	REFORM
INTERPRETING	POTENTIAL	TRACE
SOUL-MATE	HABIT	SPECIFICS
PROBLEM	APPROXIMATION	FANCY
WELLBEING	THETA	PLANNER

Puzzle # 8

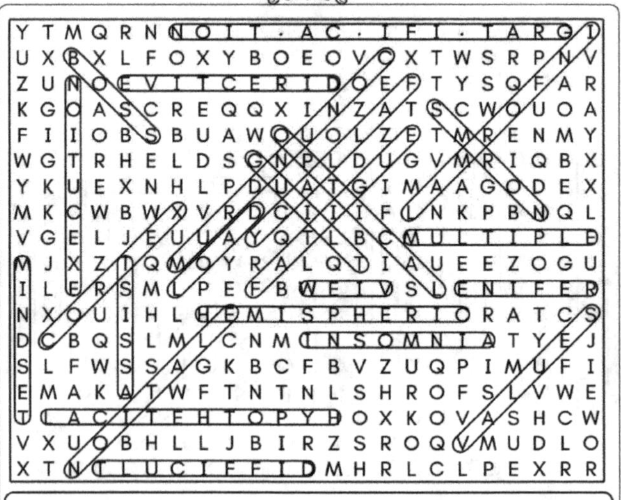

MINDSET	VIEW	DIFFICULT
FALLACY	HYPOTHETICAL	BOSS
ELATION	CONUNDRUM	CORTEX
GRAT·IFI·CA·TION	ASSIST	FATIGUE
REFINE	GUILT	LOAD
DIRECTIVE	INSOMNIA	HEMISPHERIC
VALUES	EXECUTION	INFORMAL
NORMS	OPTICAL	MULTIPLE

Puzzle # 9

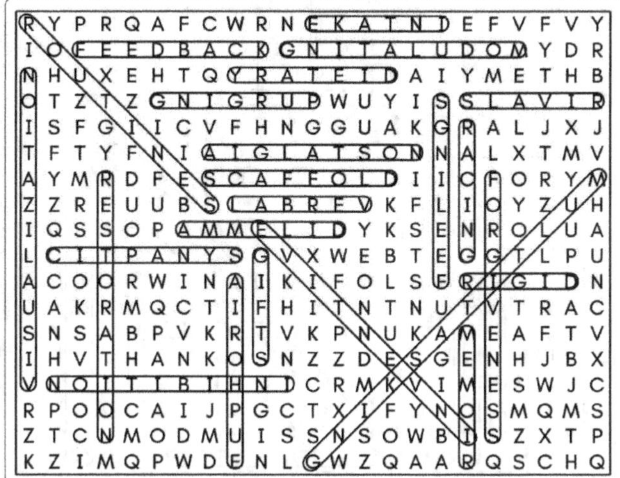

VISUALIZATION	SYNAPTIC	GIFTS
FEEDBACK	INVENTIVE	PURGING
MEMOIR	FORGIVENESS	RACING
DILEMMA	INTAKE	EUPHORIA
RIVALS	SCAFFOLD	MULTI-TASKING
ROUTINES	RESTORATION	FEELINGS
INHIBITION	MODULATING	RIGID
NOSTALGIA	VERBAL	DIETARY

Puzzle # 10

SUPEREGO	PROGRESSION	SEEKING
NEED	EVOCATIVE	UNIFIED
THIRST	CONCLUSION	EFFORT
ALPHA	REVIVE	MANNER
PARADOX	OBJECT	MULTIPLY
SUMMARY	HOT	MENTALIZING
SOLVING	VOLUNTARY	APPRECIATE
REASON	INFERRING	CRITIQUE

Puzzle # 11

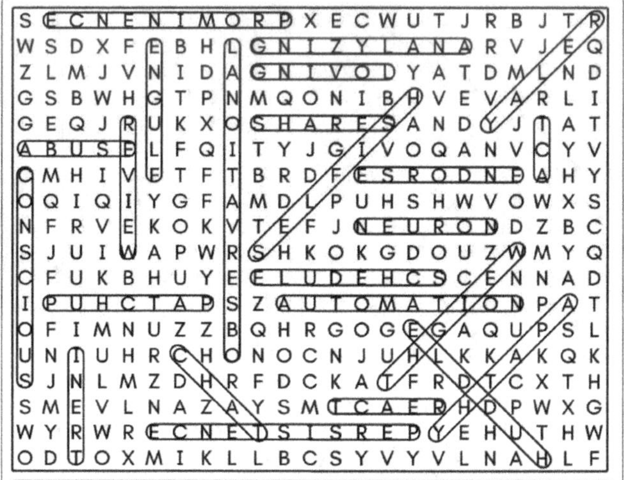

CONSCIOUS	INERT	CHAT
ABUSE	ENGULF	PATCH-UP
WEIGHT	REACT	NEURON
PROMINENCE	HUDDLE	REVIEW
LOVING	OBSERVATIONAL	AUTOMATION
SELFISH	PERSISTENCE	ENDORSE
SCHEDULE	ACT	RELAY
APATHY	ANALYZING	SHARES

Puzzle # 12

BEHAVIOR	ARGUMENT	VERACITY
ALLIANCE	INHALE	OBSESSION
DETERMINANT	BUDDY	MORAL
IDEATIVE	SWARM	TRUSTWORTHY
FELLOWSHIP	PROBLEM	INFER
SOOTHE	TIMID	FIND
ANIMUS	DESIGN	SOLIDIFY
SUBSTANCE	FORESIGHT	WRITING

Puzzle # 13

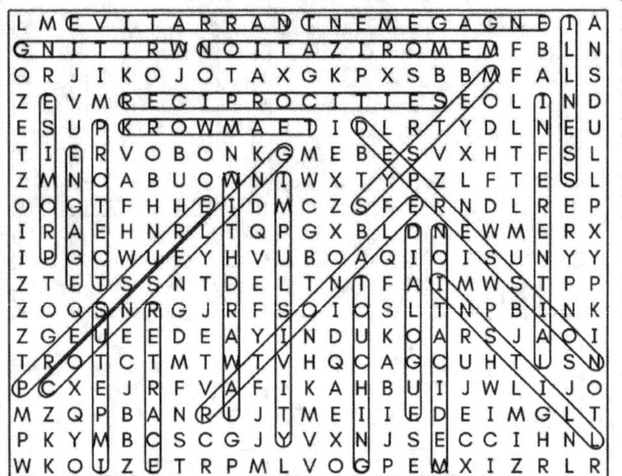

TOUCHING	DIALOGUE	ENGAGE
MEDICATION	INSTILL	IMPULSIVITY
IMPETUS	TEAMWORK	ILLNESS
RECIPRICITIES	WITHDRAWAL	SYSTEM
RETRACE	COUNSELING	MEMORIZATION
PROTECT	PRESSURE	NARRATIVE
DEPRESSION	RATIONALE	PROMISE
ENGAGEMENT	INFERENTIAL	WRITING

Puzzle # 14

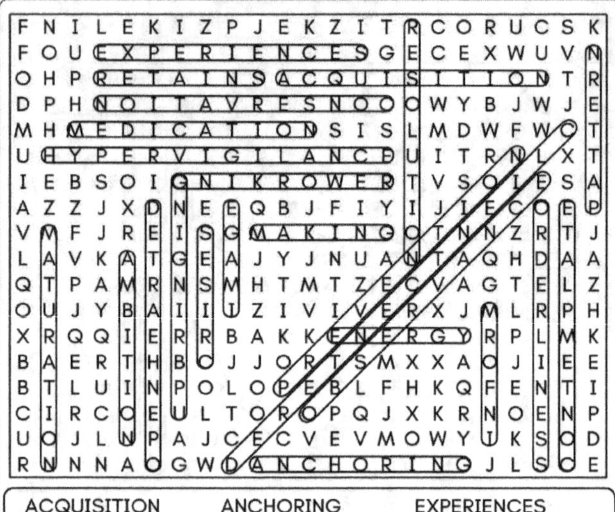

ACQUISITION	ANCHORING	EXPERIENCES
ENERGY	CRISES	INFORM
MAKING	PATTERN	HYPERVIGILANCE
MATURATION	RETAINS	RESOLUTION
CONSERVATION	CLIENT-CENTERED	UPBRINGING
IMAGE	CONTEMPLATE	ORDERLINESS
AMBITION	MEDICATION	PREVENTION
OBSERVANCE	OPEN-HEARTED	REWORKING

Puzzle # 15

LATENCY	PROPAGATION	COMMITTED
HORMONES	MYSTERY	SETTLE
INTENTIONAL	MERGING	SPEECH
HEMISPHERIC	REASSURANCE	COMMUNITY
UNDERSTAND	PIAGET	AUDITORY
COMMITTEE	AMBIVERT	PERPLEX
CONSEQUENCE	GUIDANCE	FESTIVAL
CONTENTMENT	HARD	DIURETIC

Puzzle # 16

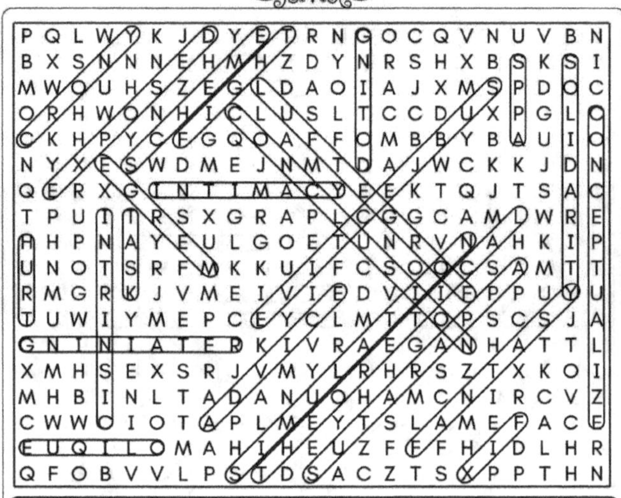

SCHEME	SIMULATION	MERGE
FANTASY	SUBJECTIVE	FORGETFUL
HURT	CLIQUE	APPS
CONCEPTUALIZE	FIX	APPARATUS
CRONY	INTRINSIC	THEORETICAL
FIGHT	TASK	DOTING
INTIMACY	RETAINING	ADVICE
SOLIDARITY	CONCLUSION	EXPOSED

Puzzle # 17

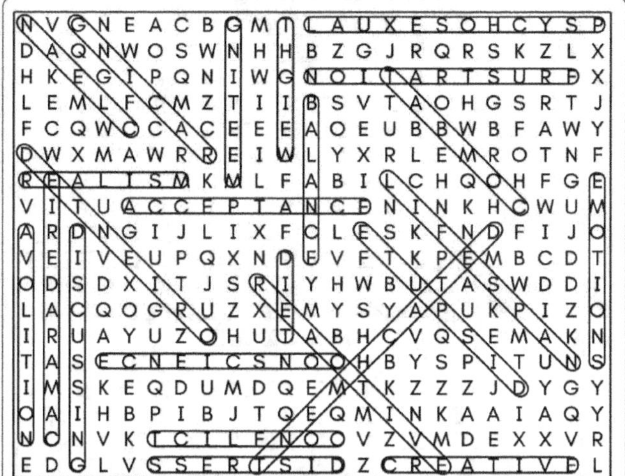

PSYCHOSEXUAL	CONFLICT	DISCUSSING
RACING	DISTRESS	AVOLITION
CREATIVE	CAMARADERIE	EMOTIONS
WEIGHT	CLEAN	REACTIVE
BALANCE	LIFESPAN	MEETING
COMBAT	FRUSTRATION	CONSCIENCE
REALISM	DETACHMENT	DISPUTE
DIET	ACCEPTANCE	ORIENTED

Puzzle # 18

SUBCONSCIOUS	COMPETENCY	COMPLAINT
BOTTOM-UP	SYNTHESIZE	MENTALITY
BIPOLAR	EXPLANATION	SAFETY
IMPRINT	REASSURANCE	HUMANISTIC
SUPPORTIVE	BIAS	GOOD
MARITAL	BEHAVIORAL	TRICKY
VISUALIZATION	APPRECIATION	ACCEPT
COMPLIANCE	ELECTRICAL	CRITIQUE

Puzzle # 19

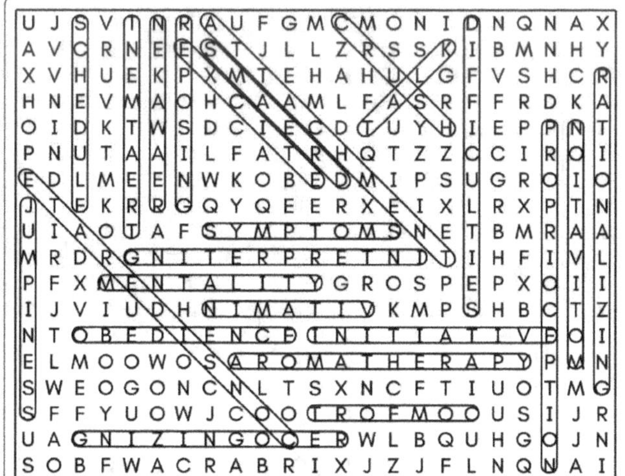

DREAMS	DIFFICULTIES	RECOGNIZING
ATTACHMENT	PROPRIOCEPTION	MENTALITY
JUMPINESS	INTERPRETING	INITIATIVE
REPOSING	CONSIDERATE	SYMPTOMS
RATIONALIZING	MOTIVATION	TALK
COMFORT	TREATMENT	EXCITE
SCHEDULE	AROMATHERAPY	CRUSH
OBEDIENCE	REAWAKEN	VITAMIN

Puzzle # 20

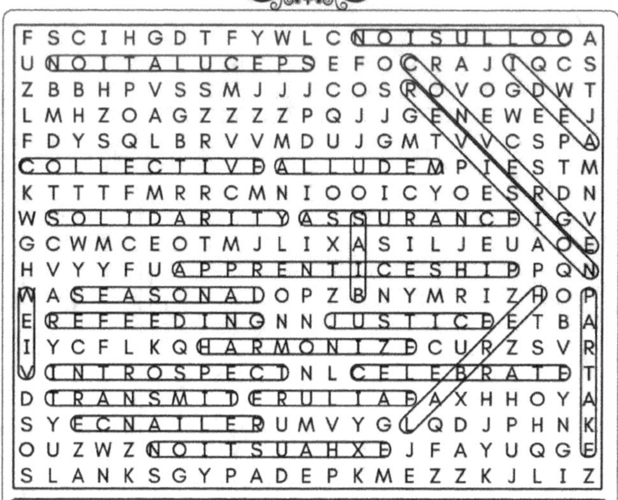

COLLECTIVE	FAILURE	PARTAKE
HERBAL	SPECULATION	REFEEDING
VIEW	ASSURANCE	EXHAUSTION
CONVERGE	COLLUSION	REVISION
RELIANCE	APPRENTICESHIP	MEDULLA
CELEBRATE	SOLIDARITY	INTROSPECT
BIAS	JUSTICE	HARMONIZE
IDEA	TRANSMIT	SEASONAL

Puzzle # 21

THEORY	SPECULATION	REINFORCER
EFFORTFUL	MAKING	INVENT
PSYCHODYNAMICS	CRONY	ENVIRONMENT
GANG	THRESHOLD	UNIFY
SELF-CONTROL	COLLABORATION	IMPETUS
CONSOLE	FORMATION	INTIMATE
EXCHANGE	UNRESOLVED	MALFUNCTION
INSIDE	ELECTRICAL	HYPERACTIVE

Puzzle # 22

CONDITIONED	TRUSTWORTHY	CAMARADERIE
STEREOTYPE	OUTPUT	RESTRICTION
DISPOSITION	SOLVE	GENERATIVITY
REVISION	SELF-HELP	EXCESSIVE
COMPLEXITY	COGNITIVE	PRESENCE
ANGUISH	RATIONAL	HYPOTHESIZING
REINFORCEMENT	PARTICIPATION	COMMUNICATE
CONSEQUENCES	NEURAL	SEASONAL

Puzzle # 23

DEFENSE	CATEGORIZATION	COMPLAINT
ALCOHOLISM	INFERRING	TOOLKIT
NORMALITY	COMMUNAL	CLASSIFICATION
ALIGN	CONSULT	CONFLICT
RESPECT	DYNAMICS	REFLECTIONS
DEEP	EXPOSURE	TRUTHFUL
SIGNAL	DRAFT	CONNECTED
CORTISOL	UNION	HOARDING

Puzzle # 24

SKINNER	AFFECTION	APPRENTICESHIP
ENGAGE	WISDOM	REGULATE
PARALYZED	EPISODES	SELF-REFLECTIVE
PERMANENCE	TEAM	ENTHUSIASM
HISTORY	ALERT	SHAPE
SCHEMATICS	OPERANT	SOULMATES
GENETICS	DEPEND	OPERATION
FATHOM	THEOLOGY	MEDICAL

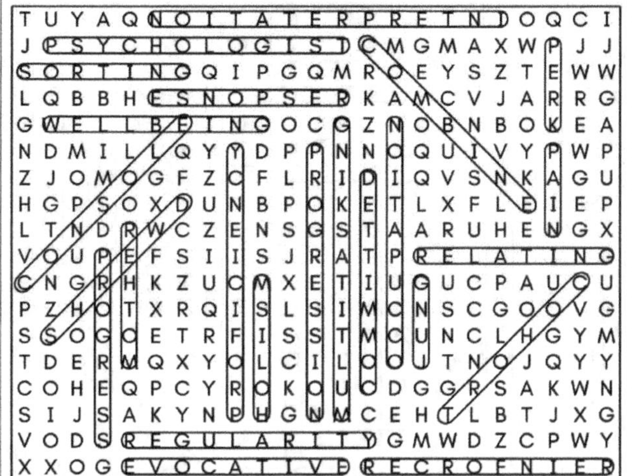

INTERPRETATION	MULTI-TASKING	PROFICIENCY
JUNG	CONSOLE	OCCUPATION
HOLISM	COMMITTED	SHREWD
PSYCHOLOGIST	COMBINE	EVOCATIVE
WELL-BEING	RESPONSE	COHORT
PROGRESSION	REINFORCER	RELATING
PERK	PROGRESS	MOTHER
REGULARITY	PAIN	SORTING

LATENCY	METACOGNITION	ASSEMBLE
HUMANISTIC	CONFIDANT	SECRETIVE
FADING	COLLEAGUE	AVOIDANCE
PARAMOUR	REFEEDING	FORCE
HISTORY	EXPECTANCY	VOYAGES
SPIDERS	TRAUMA	UNDERSTAND
SIBLING	CULTIVATE	DYSTHYMIA
IMBALANCE	AMIABLE	SUDDEN

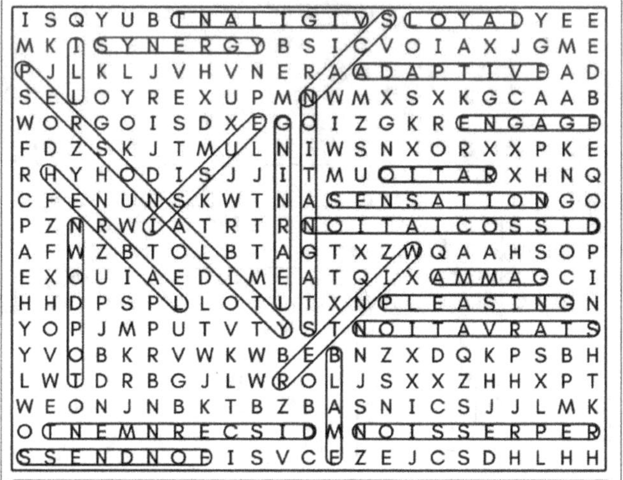

PERSONALITY	LOYAL	ENGAGE
STAGNATION	ILL	DISSOCIATION
HERBAL	FONDNESS	RATIO
ISSUE	STARVATION	TOP-DOWN
GAMMA	LEARNING	DISCERNMENT
BLAME	SENSATION	PLEASING
REPRESSION	ADAPTIVE	SYNERGY
SCAN	VIGILANT	WINTER

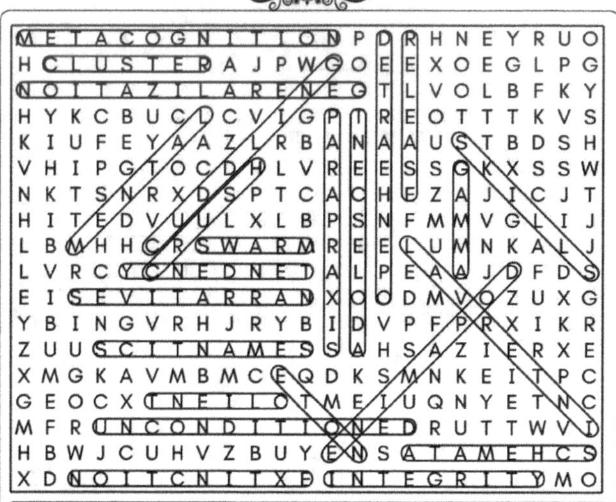

PARAPRAXIS	DOPAMINE	OPEN-HEARTED
INTERVAL	SEMANTICS	SWARM
SKILLS	CRUSH	GENERALIZATION
NARRATIVES	CLUSTER	INTEGRITY
GAMMA	EXTINCTION	TENDENCY
CLIENT	ADOLESCENT	SCHEMATA
UNCONDITIONED	NOTE	CUDDLING
MENTAL	METACOGNITION	RELEASE

Puzzle # 29

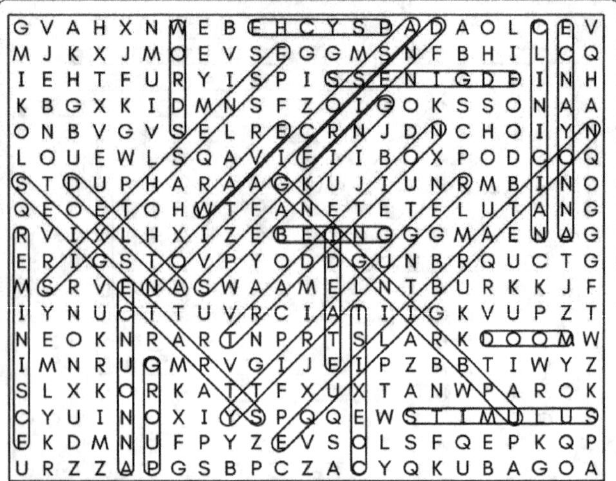

STIMULUS	EQUILIBRATION	GROUP
UPBRINGING	SIXTHSENSE	REMINISCE
DELTA	BEING	PSYCHE
ANNOYANCE	ANNOUNCE	WORDS
ASSOCIATION	MOOD	EDGINESS
TRADITION	REGULARITY	IDEATE
WAVE	STRATEGIES	FRIEND
SPEAKING	COEXIST	CLINICIAN

Puzzle # 30

BEHAVIOR	MATURATION	FAITHFUL
STAGES	REUPTAKEN	COLLECTION
APATHY	CONSIDER	SCAN
TRANSMITTING	BOSS	HORMONES
TRACK	MEDIA	ASSUMPTION
MEDIATION	ILLNESS	DISCOVERING
THEORY	SENSELESS	CONVEY
HUMANISTIC	SCHEMATICS	TIREDNESS

Puzzle # 31

CAPACITY	VISION	ARBITRATION
EXERCISE	STORING	GROUPBONDING
SERENE	PHONE	CONSTANT
REFLECT	ASSIST	DISTURBANCE
UNITED	SOMATIC	GOSPEL
PROTECT	INSPECTION	SQUAD
ALLIANCE	WATCHFUL	VOWS
INNOVATION	FLAME	CARRY

Puzzle # 32

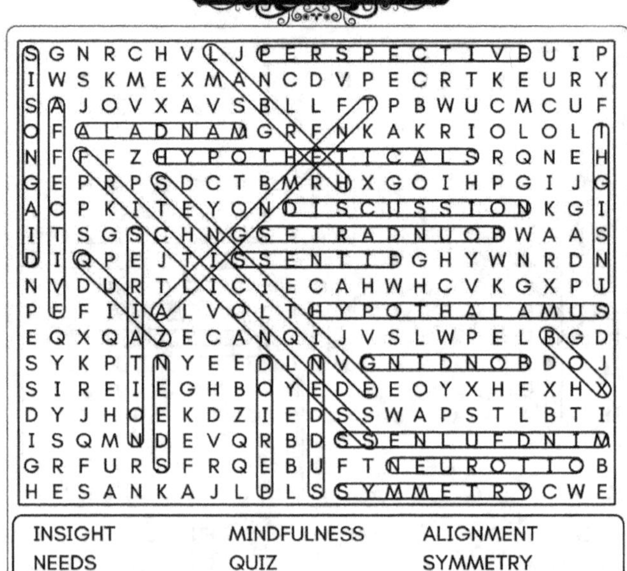

INSIGHT	MINDFULNESS	ALIGNMENT
NEEDS	QUIZ	SYMMETRY
DIAGNOSIS	BONDING	SERIATION
FITNESS	BOUNDARIES	PERSPECTIVE
PERIOD	BOX	NEUROTIC
FRICTIONLESS	AFFECTIVE	HYPOTHETICALS
MANDALA	HERBAL	SENSITIVE
HYPOTHALAMUS	DISCUSSION	SUDDEN

Puzzle # 33

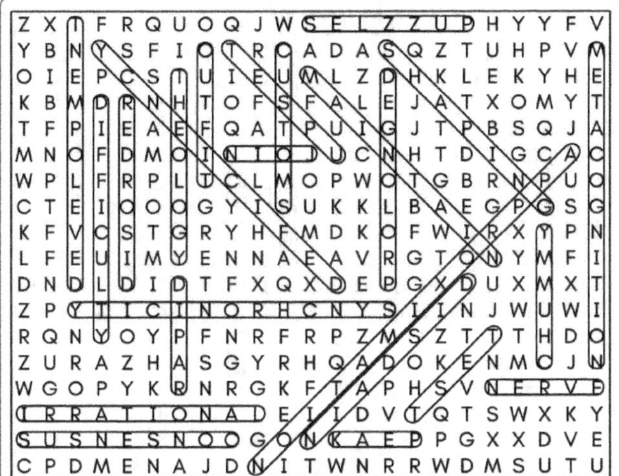

SYNCHRONICITY	THEOLOGY	JOIN
PEAK	METACOGNITION	IRRATIONAL
TEST	CHUMMY	DEFICIENCY
NERVE	RAPID	CONSENSUS
DIFFICULTY	DEVELOPMENT	APPROXIMATION
CUSTOMS	UPSET	PUZZLES
SHAPING	PROLONGED	DISDAIN
DISORDER	MAINTAIN	OUTFIT

Puzzle # 34

REASONING	GRIEF	COLLUSION
INTRINSIC	CONCEPTUALIZING	MALNUTRITION
TIGHTNESS	GRAB	RECONSTRUCTIVE
PROPAGATING	ISOLATED	COUNSELOR
LOVING	ZONE	INTROSPECTION
HEALTHCARE	METHOD	ROMANCE
BANDURA	STATIC	GIFTS
RATIONALITY	WORKOUTS	ORGANIZATION

Puzzle # 35

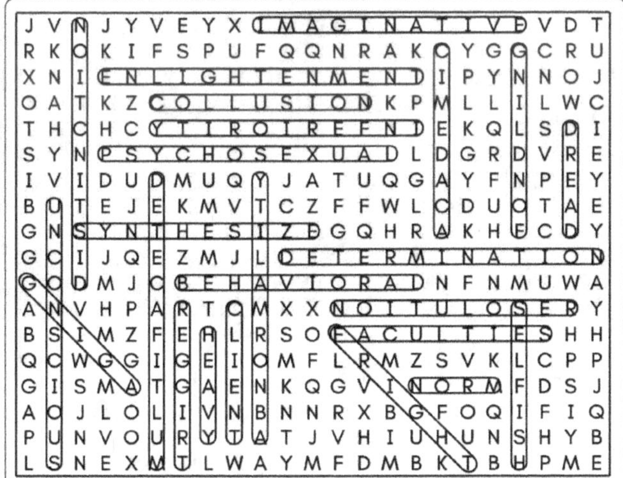

UNCONSCIOUS	ABNORMALITY	CLIENT
BEHAVIORAL	FACULTIES	ACADEMIC
DETERMINATION	COLLUSION	AGING
IMAGINATIVE	TRIGGER	NORM
RESOLUTION	INFERIORITY	DISTINCTION
HEAVY	DREAD	SELFISH
PSYCHOSEXUAL	SYNTHESIZE	MULTIFACETED
ENLIGHTENMENT	FONDLING	FRIGHT

Puzzle # 36

AVERSION	RECEPTORS	JOIN
HOLISTIC	OPTICS	ANHEDONIA
ABSTRACTS	RESPECT	AMYGDALA
INFERRING	COMMITTED	NETWORKING
FELLOWSHIP	OBSERVATIONAL	SCANNING
NOTIFY	REVIEW	LONGING
MASLOW	ATTENTIVENESS	AGITATE
MOLDING	INVENTIVE	MOURNING

Puzzle # 37

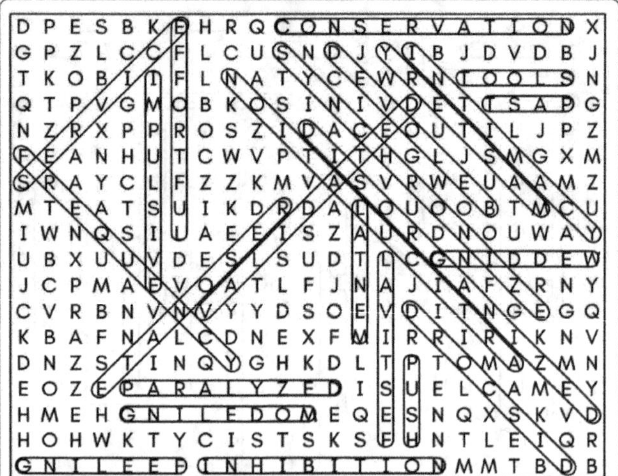

INHIBITION	PUSH	RESONATE
INTIMACY	FREQUENCY	DISORGANIZED
IMPULSIVE	WEDDING	SERVICE
PARALYZED	PAST	FEELING
BELOVED	CONSERVATION	ARTICULATION
FESTIVAL	TOOLS	EFFORTFUL
MENTAL	MASTERY	DISCORD
MODELING	SYNCHRONIZE	VALIDATED

Puzzle # 38

JUNG	DEFECT	MEDIATION
MYTHS	SCHEMATICS	REFEEDING
SHIFT	CORRESPOND	ANXIOUS
IMPULSES	TRIGGER	PARTICIPATION
ROMANTICIZE	CHILLS	DESERVINGNESS
HEALTHCARE	SOCIABLE	INFORMAL
MODELING	JUBILATION	GIFTS
ASSESSMENT	SPECIFY	DEALING

Puzzle # 39

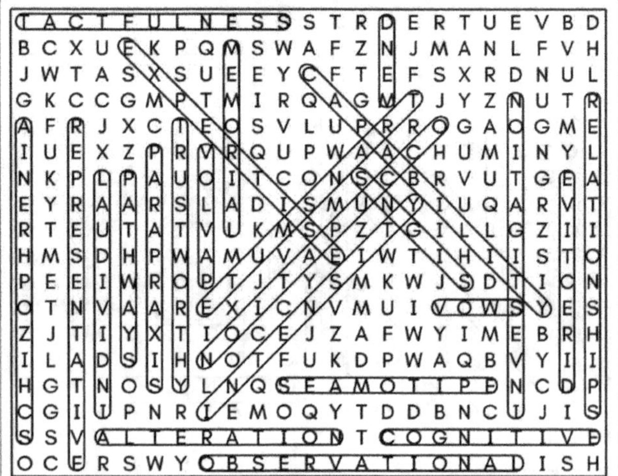

PARAPRAXIS	EXPERTISE	DIRECTIVE
OBSERVATIONAL	MEMORIAL	RELATIONSHIPS
ALTERATION	TRANSMUTE	INDIVIDUAL
OCCUPATION	REPRESENTATIVE	TRUSTWORTHY
TACTFULNESS	COGNITIVE	INVESTIGATION
VOWS	SCHIZOPHRENIA	EPITOMAES
PAVLOV	CAPABILITY	MEND
SIGNS	PATHWAYS	INTENSITY

Puzzle # 40

RETENTION	COMPETENCE	COLLABORATE
HOT	HEARTENING	MANIA
HEREDITY	REHABILITATE	CLAUSTROPHOBIA
PALS	REMAINDER	FEATURE
HUG	COMPLIANCE	MAP
CARRY	CONTROL	DISPUTE
CONFORMITY	DOCTRINES	UNISON
TECHNIQUES	DIVULGE	BRIEF

Puzzle # 41

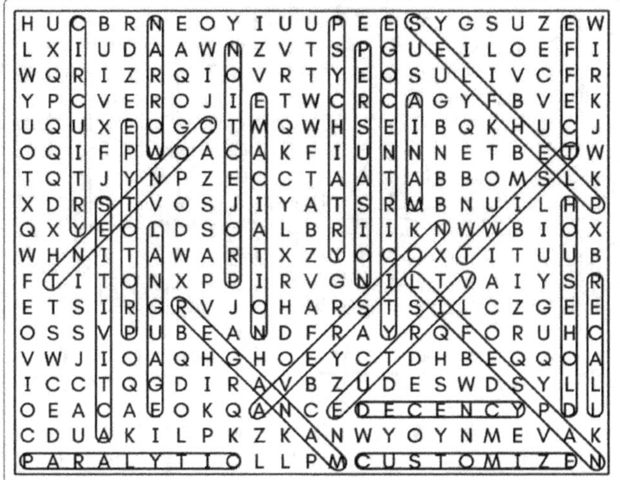

PROJECTION	VIRTUE	DECENCY
HOUSEHOLD	AVERSION	EFFECT
CIRCUITRY	MANAGER	LANGUAGE
LIFESPAN	NARROW	CUSTOMIZE
PROTOTYPE	PSYCHIATRY	ACTIVITIES
SELF-HELP	RECALL	PERSUASION
TWIST	MANIA	EGO-CENTRICITY
PARALYTIC	CONTENT	EMACIATION

Puzzle # 42

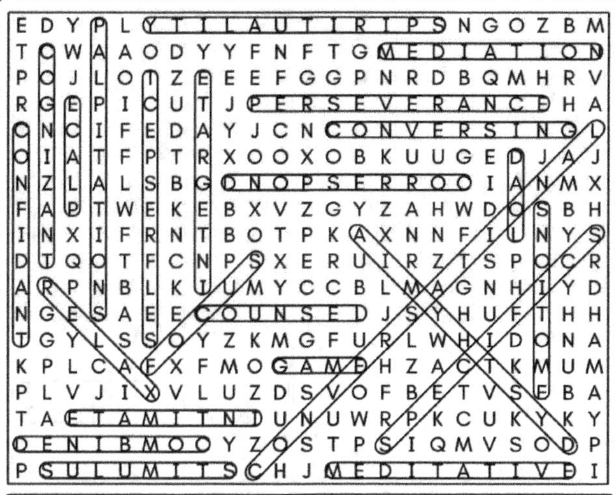

STIMULUS	SPIRITUALITY	MEDIATION
FOCUS	INTEGRATE	SELF-RESPECT
PLACE	CORRESPOND	PERSEVERANCE
SPECIFICS	COMBINED	CONVERSATIONAL
CONVERSING	PALPITATIONS	RELAX
INTIMATE	COGNIZANT	CONFIDANT
EMOTIONS	MEDITATIVE	COUNSEL
LOAD	GAME	DYSTHYMIA

Puzzle # 43

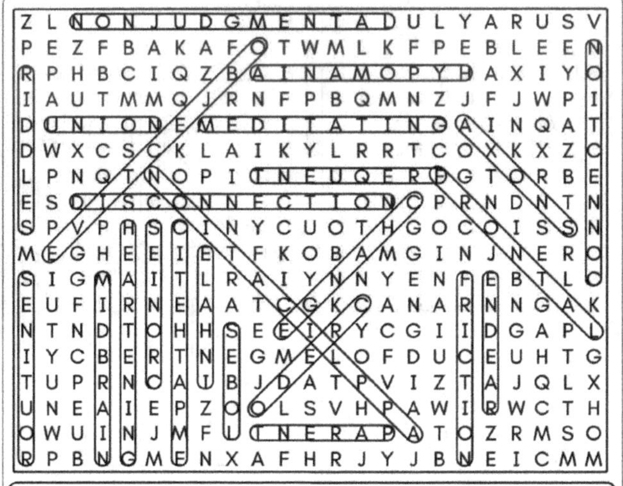

APPLICATION	CONNECTION	HEARTENING
OBJECTIVE	MEDITATING	ROUTINES
MIDBRAIN	FREQUENT	EMPATHETIC
RIDDLES	HYPOMANIA	FRONTAL
CRONIES	AXONS	INHALE
PARENT	LOBES	ENDEAR
CHANGE	NONJUDGMENTAL	FRICTION
CREDO	UNION	DISCONNECTION

Puzzle # 44

TRAINING	OUTLOOK	ACCEPT
NEUROPLASTICITY	RIDDLES	CLANS
DISCUSSION	OPPOSITION	NEUROGENESIS
SHARPENING	ETHNIC	OVERTHINKING
SUPPORTIVE	AMYGDALA	INFERENCE
PARENT	DIAGNOSIS	COMPANION
INDUSTRY	TRACE	SECRET
REVELATION	BOND	ANTIPSYCHOTICS

Puzzle # 45

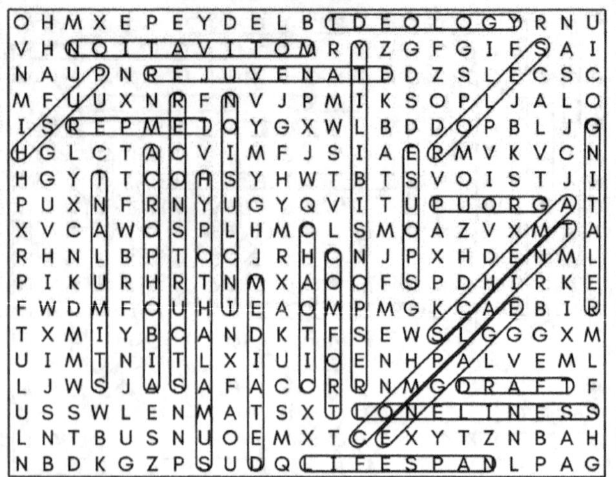

SCHEMA	LONELINESS	RELATING
LIFESPAN	DRAFT	REJUVENATE
ACROPHOBIA	TEMPER	HYPOTHALAMUS
IDEOLOGY	SPOUSE	RESPONSIBILITY
INCLUSION	MEDIATED	PUSH
COMFORT	ROLES	ENGAGE
MOTIVATION	CHAOTIC	COMPLAINT
GROUP	RECONSTRUCTS	STIMULANT

Puzzle # 46

RESPONSE	HIBERNATING	FIDELITY
MINDFULNESS	CONFER	COLLABORATE
STRAIN	ROMANCE	EXERCISE
EXAMPLE	SISTER	RELATION
INTERPRET	MOTIVATORS	IMPORTANCE
REPAIR	EXPOSURE	COMPREHENDING
COMPATIBILITY	INTELLIGENT	GRASP
RESERVED	STORING	WEATHER

Puzzle # 47

EGO	CHAOTIC	TACTICAL
SENSATION	ACCEPTANCE	MANAGER
TRUSTWORTHY	PROBLEMS	MNEMONIC
INJURY	DISDAIN	EPIPHANY
ELECTRICAL	VALUES	EFFICIENCY
UNITE	ANGER	RECIPROCITIES
FICTIONAL	PREDISPOSITION	GRACIOUS
HEARING	GOSPEL	RELATIONSHIPS

Puzzle # 48

PROCESSING	PSYCHE	ETHNICITY
FATIGUE	ALIGNMENT	STORY
CODE	DEBATE	CONCENTRATION
WARMTH	ENERGETIC	TENET
VOICE	INDIVIDUALITY	BONDING
HALLUCINATIONS	FITNESS	ALLEVIATE
APPRENTICESHIP	INSIGHTS	OVERALL
CAPABILITY	TENDER	EFFECTIVE

Puzzle # 49

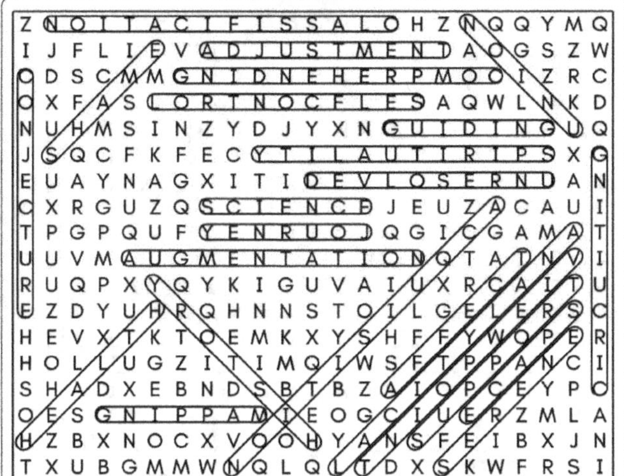

MAPPING	SCIENCE	CIRCUITING
ADJUSTMENT	VIEWPOINT	SPACE
SELF-CONTROL	CONJECTURE	SHAME
SERENE	HISTORY	HEALTH
JOURNEY	CLASSIFICATION	AUGMENTATION
UNION	SUPPORT	SPIRITUALITY
ACQUISITION	ANALYTICAL	COMPREHENDING
AFFECT	GUIDING	UNRESOLVED

Puzzle # 50

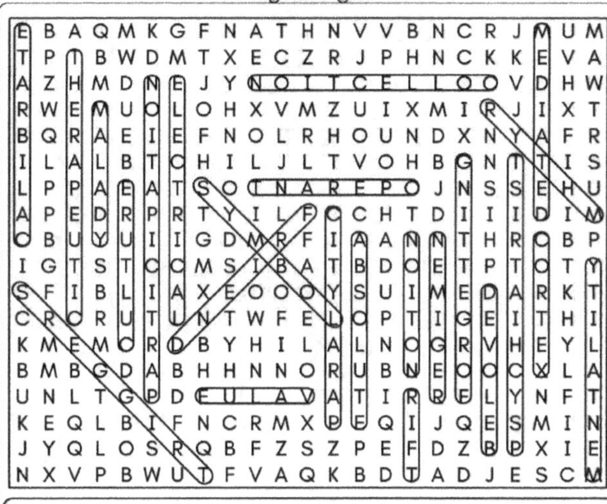

SYMBOL	TRIGGERS	FRIEND
MEDIATED	PARALYTIC	MENTALITY
PSYCHIATRIST	BELOVED	CULTURE
MALADY	COLLECTION	VALUE
ELECTRICAL	OPERANT	PARTICIPATION
RIFT	ABSOLUTE	RYTHM
THERAPEUTIC	NOTION	CALIBRATE
CORTEX	FORGETTING	REGIMEN

Puzzle # 51

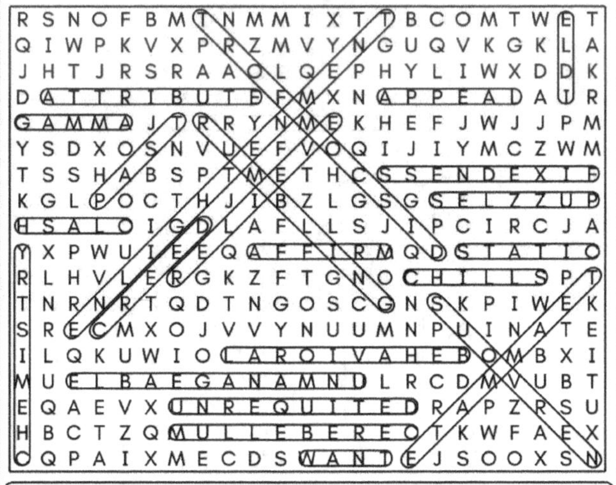

CEREBELLUM	IDLE	AFFIRM
CHILLS	FIXEDNESS	NERVOUS
DISCOMFORT	CLASH	CHEMISTRY
GAMMA	PAST	APPEAL
UNREQUITED	ENLIGHTENMENT	CREED
RELIEVE	WANT	RUMBLING
BEHAVIORAL	STATIC	TEAMMATE
ATTRIBUTE	PUZZLES	UNMANAGEABLE

Puzzle # 52

REFLEX	DISTURBANCE	MEDIATION
ALTRUISM	SYNAPTIC	DIETARY
FITNESS	SOCIALIZE	REASON
RECOLLECT	EPISODES	DESIRE
CONCEPTUALIZING	SIBLING	SIMULATION
ANTICIPATION	CHAOTIC	CRISES
INFERIORITY	CODE	TANDEM
NARCISSISM	EFFORTFUL	DEALING

Puzzle # 53

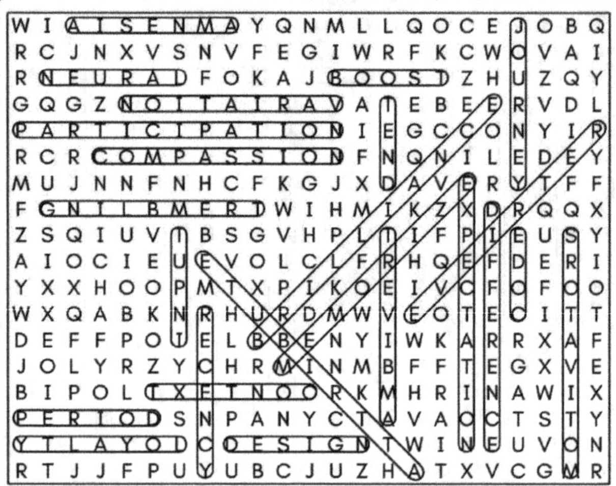

AMNESIA	PARTICIPATION	BRILLIANCE
MOTIVATORS	DESIGN	TEND
AMBIVERT	JOURNEY	DIFFERENCE
LOYALTY	CONTEXT	ATTRIBUTE
PERIOD	INPUT	CODE
COMPASSION	EXPECTATION	NEURAL
RECENCY	BOOST	RETRIEVE
TREMBLING	MEMORIZE	VARIATION

Puzzle # 54

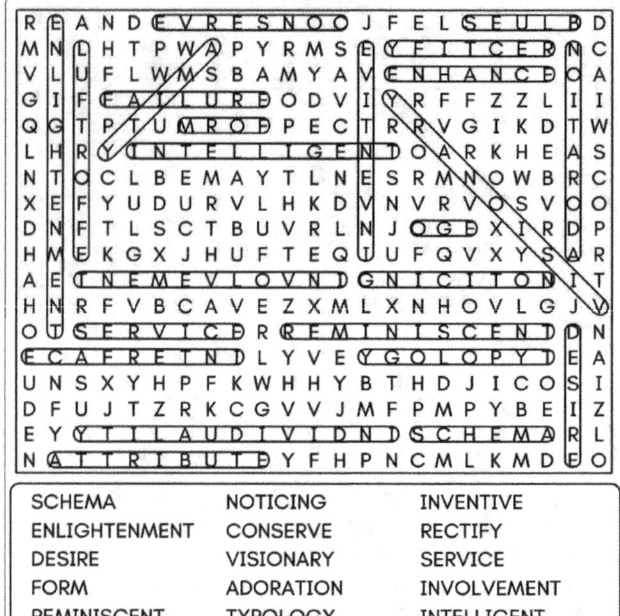

SCHEMA	NOTICING	INVENTIVE
ENLIGHTENMENT	CONSERVE	RECTIFY
DESIRE	VISIONARY	SERVICE
FORM	ADORATION	INVOLVEMENT
REMINISCENT	TYPOLOGY	INTELLIGENT
INTERFACE	ATTRIBUTE	ENHANCE
EGO	FAILURE	AMITY
INDIVIDUALITY	EFFORTFUL	BLUES

Puzzle # 55

PERCEPTION	VIEWING	PALS
SERVICE	RATIONALIZING	UNRESOLVED
SIMULATION	VERBAL	BEHAVIORIST
TERMINAL	RELIEVE	DISCOURSE
BUDDY	GENERALIZATION	SPOTS
APPRECIATE	CONVERSATION	BESOTTED
SCHEMA	VIGILANCE	AFFINITY
EMOTIONAL	TASKS	MOURNING

Puzzle # 56

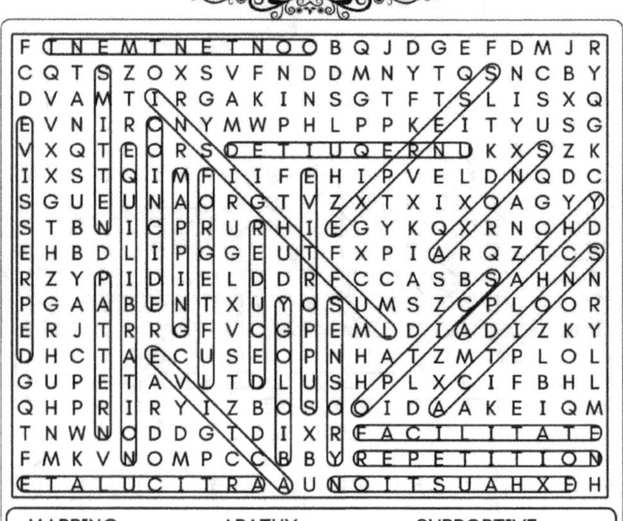

MAPPING	APATHY	SUPPORTIVE
PATTERN	FACILITATE	DEPRESSIVE
BIOLOGY	EXPRESS	EQUILIBRATION
REPETITION	ACTIONS	CONTENTMENT
UNREQUITED	SENSORY	INSIGHTFUL
ARTICULATE	EXHAUSTION	SMITTEN
ACTIVE	REDUCED	COINCIDE
AXONS	OPTICS	FORGETFUL

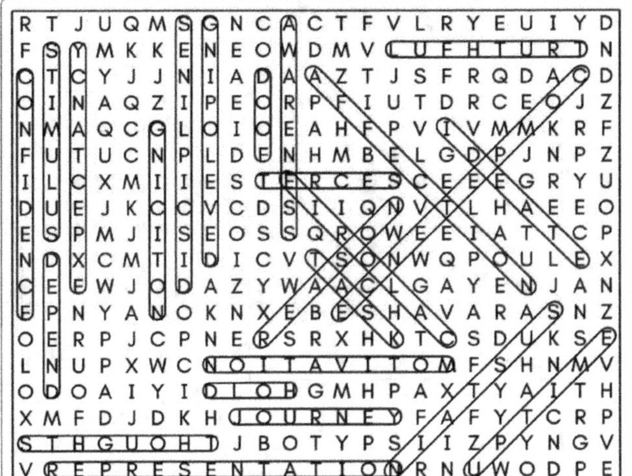

AWARENESS	TASK	CONFIDENCE
EXPECTANCY	DISCIPLINES	FOOD
COMPETENCE	DEPEND	REPRESENTATION
JOURNEY	HOLD	NOTICING
SUSTAIN	MOTIVATION	IDEATE
SECRET	THOUGHTS	AFFECTION
STIMULUS	UPTIME	TRUTHFUL
REASON	DEVELOPING	CALORIE

DOG	PROLONGED	HARMONY
PSYCHIATRY	RECEPTORS	REWORKING
GLADNESS	ALLURE	BELIEF
IMAGINATIVE	SELF-ESTEEM	FELICITY
ROUTE	NEUROIMAGING	ACTIVATION
CONVERSING	TEACHING	CELLS
INTEGRITY	EXUMINES	EXPRESS
SHY	CONCEPTS	MOMENT

MEMORY	ENGRAINING	UPLIFT
CONGRUENCE	FONDNESS	COMMON
TASKS	HOSTILE	AGING
MEDITATING	UNIFIED	FADING
ARTICULATE	FIXED	ENIGMAS
HATCHED	TENET	GLOOM
RESPONSE	VISUALS	PROXIMITY
AROUSAL	LOVING	WORTHINESS

LEARNING	ATTENTIVE	FARSIGHTED
DRIVER	CATEGORIZATION	EPISODE
UNEASE	RELAX	REWARD
REPETITION	MULTIPLE	ASSIGNMENT
CONVERGENCE	IRRITABILITY	VIEWPOINT
VERBAL	REACTIVE	GANGLION
DEVELOPMENT	PERCEPT	ARDOR
RELIEF	OPTICAL	UNMANAGEABLE

Puzzle # 61

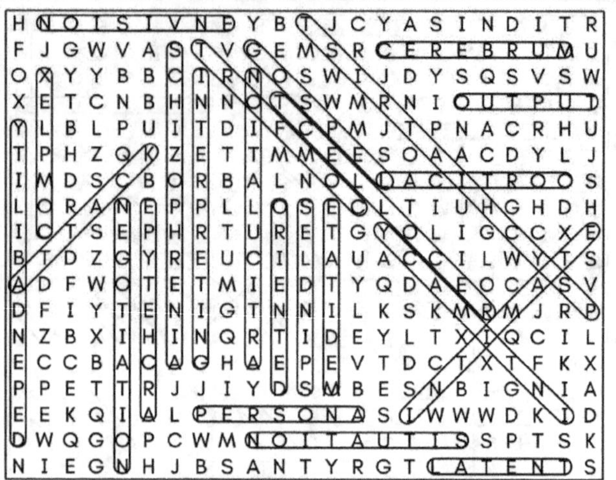

COMPLEX	OUTPUT	INTERPRETING
LATENT	RECOLLECT	SITUATION
ATTACK	MEDITATE	INTIMACY
DEPENDABILITY	INTIMATE	PSYCHIATRIST
SPINDLES	PERSONA	GOSPEL
COMFORT	CEREBRUM	CORTICAL
ARCHETYPE	ARTICULATION	NEGOTIATION
SCHIZOPHRENIA	ENVISION	ORIENTED

Puzzle # 62

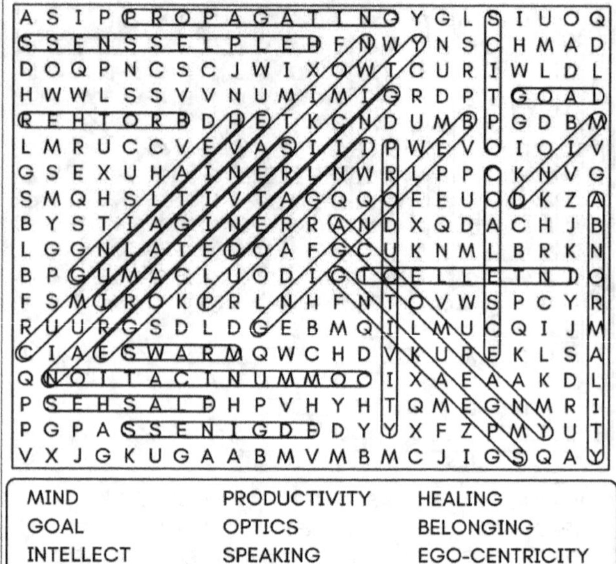

MIND	PRODUCTIVITY	HEALING
GOAL	OPTICS	BELONGING
INTELLECT	SPEAKING	EGO-CENTRICITY
PROPAGATING	HELPLESSNESS	EDGINESS
COALESCE	CUMULATIVE	NARRATIVES
SWARM	FLASHES	IN-GROUP
IMAGINATION	ABNORMALITY	BROTHER
COMMUNICATION	ACCOMPANY	DEALING

Puzzle # 63

TRANSFERENCE	WORTH	COEXIST
CHEST	HARD	TIME-CONSUMING
RELIGION	SHARED	PSYCHIATRY
NIMBLE	FRIENDS	THIRST
VOWS	PATTERN	SCHEMATICS
MULTIPLE	AUGMENTATION	LISTEN
ORGAN	PROBLEM-SOLVING	CONCENTRATED
RESTLESSNESS	BUDDY	ENERGETIC

Puzzle # 64

RECENCY	COMPETENCY	HARD
REVELATION	REMEMBER	DISCIPLINE
APPEAL	CONJECTURE	COOPERATION
GUIDANCE	TOGETHERNESS	HOPELESSNESS
GAMMA	NORMS	JUSTICE
ENDEARING	ENGAGEMENT	RODS
DISORDER	EXPERIENCING	INVENT
PSYCHIATRIST	DIFFERENTIATE	MENTOR

Puzzle # 65

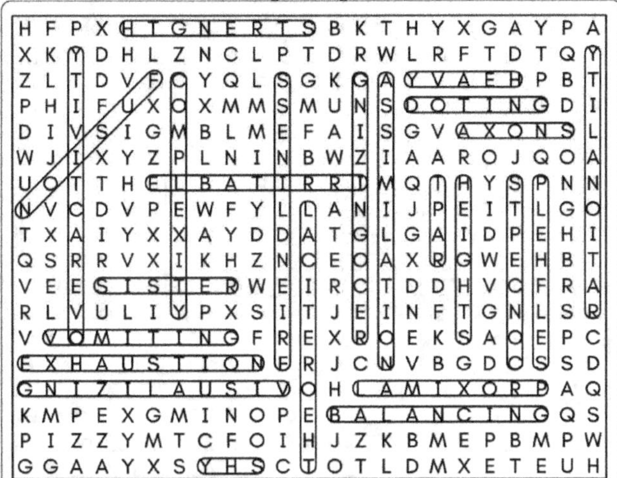

ASSIMILATION	THEORETICAL	HEAVY
EXHAUSTION	DOTING	VOMITING
VISUALIZING	FUSION	AXONS
COMPLEXITY	HEIGHTS	RAPT
SISTER	RATIONALITY	RECOGNIZING
IRRITABLE	SHY	BALANCING
PROXIMAL	CONCEPTS	SELF-HELP
STRENGTH	FRIENDLINESS	OVERACTIVITY

Puzzle # 66

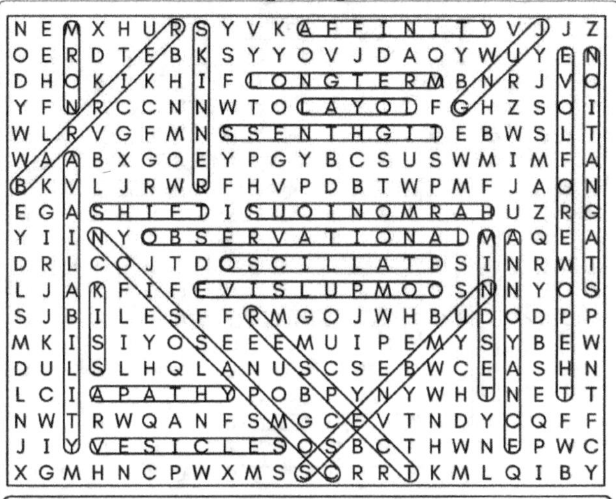

MINDSET	LOYAL	RESPECT
OBSERVATIONAL	OSCILLATE	KISS
NUMBNESS	COMPASSION	STAGNATION
APATHY	BARRIER	TIGHTNESS
AFFINITY	SKINNER	SHIFT
ANNOYANCE	LONG-TERM	THEPOWEROFLOVE
JUNG	NORM	HARMONIOUS
AVAILABILITY	VESICLES	COMPULSIVE

Puzzle # 67

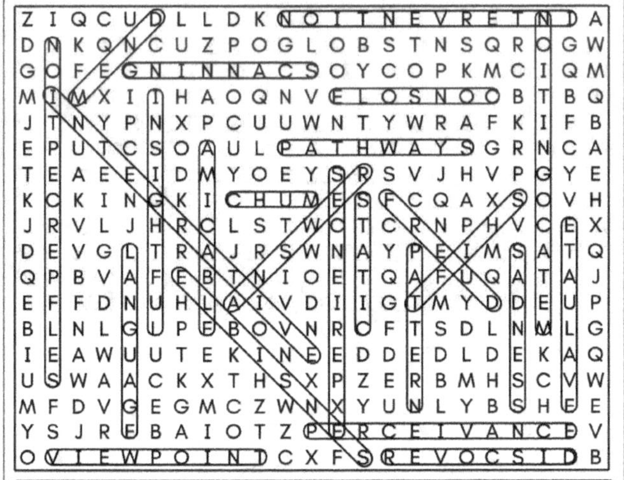

FREUD	INSIGHTFUL	ANSWER
INTERVENTION	METACOGNITION	MEND
STATIC	DISCOVER	SADNESS
PATHWAYS	CONSOLE	SENSIBLE
PERCEIVANCE	PATTERN	VIEWPOINT
CHUM	SHIFT	SCANNING
LANGUAGE	AMICABLE	SELF-PERCEPTION
EXPERIENCES	EVALUATE	INTEGRATIVE

Puzzle # 68

DEFENSE	APPARATUS	PRECISELY
MOTIVATORS	RECLAIM	HYPERACTIVITY
CRAVING	DIFFICULT	CONFUSION
REFLECTIONS	SNAKES	DETERMINANT
STORING	ADOLESCENT	OPTICAL
INLOVE	DISCRIMINATING	DEDUCTIVE
COMPLEX	TACTILE	WEDDING
ILLNESS	RECEPTORS	MANAGEMENT

Puzzle # 69

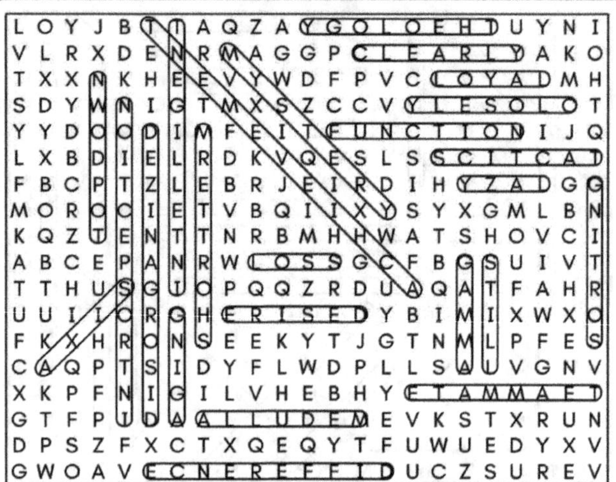

ACHIEVEMENT	STILL	CLOSELY
AGING	INTROSPECTION	DISORGANIZED
FUNCTION	MYSTERY	DIFFERENCE
MEDULLA	SORTING	DESIRE
TACTICS	TOP-DOWN	THEOLOGY
CLEARLY	LAZY	GAMMA
SHORT-TERM	INTELLIGENT	TEAMMATE
LOYAL	AXIS	LOSS

Puzzle # 70

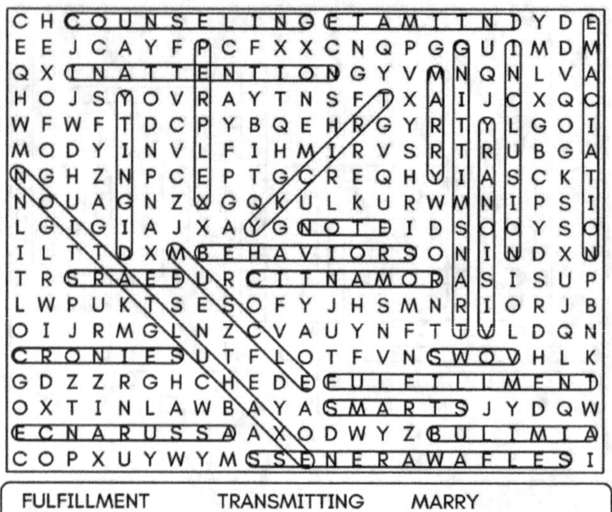

FULFILLMENT	TRANSMITTING	MARRY
EXAHULTATION	ROMANTIC	INATTENTION
SELF-AWARENESS	INTIMATE	BEHAVIORS
PERPLEX	EMACIATION	DIGNITY
INCLUSION	MUSCLE	VISIONARY
FEARS	NOTE	ASSURANCE
COUNSELING	TRICKY	VOWS
SMARTS	CRONIES	BULIMIA

Puzzle # 71

PROJECTION	SYNTHESIZE	LOVING
ROLES	PATTERNS	DEPENDENCY
ENERGY	IDENTIFY	RETENTION
INSTILL	HUDDLE	ELEVATION
CROSSROADS	EXTRINSIC	VIGILANCE
HISTORY	DENDRITES	GAME
MAKING	OLFACTORY	REBUILD
STRESS	RETRACE	CLUB

Puzzle # 72

THALAMUS	IMPETUS	CLIQUE
IMPAIRMENT	SCANNING	CARRY
ACQUIRED	SWEETHEART	SYMPATHY
RECOLLECTING	INCLUSION	BRAINPOWER
BRILLIANT	CAPACITY	AXIS
SENSITIVE	MYTHS	STRATEGIC
NEUROSCIENCE	DISCOMFORT	DEPEND
BREATH	MASTER	LIGHTBOX

Puzzle # 73

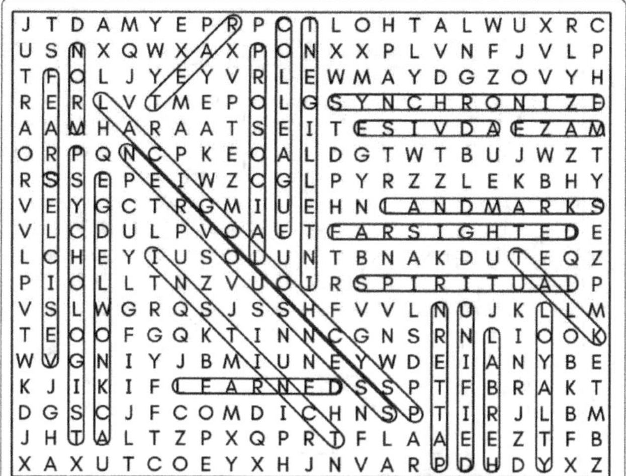

INSTINCT
PSYCHOLOGIST
NORM
PSYCHOLOGICAL
VESICLES
COLLEAGUE
SPIRITUAL
NERVOUSNESS

TALK
SYNCHRONIZE
FARSIGHTED
ACKNOWLEDGE
PATTERN
HERBAL
INTELLIGENT
LANDMARKS

ADVISE
FEARS
PROSOCIAL
LEARNED
LOYALTY
MAZE
UNIFIED
TEAR

Puzzle # 74

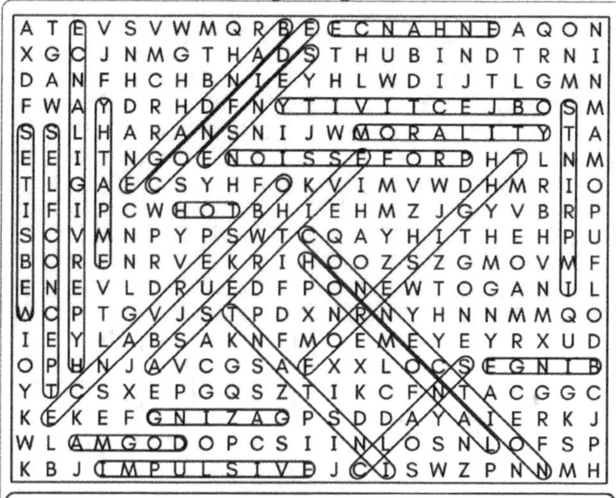

MORALITY
HYPERVIGILANCE
ASSERTIVE
OBSERVANCE
IMPRINTS
BANDAGE
OBJECTIVITY
HOT

SENSE
CONNECTION
HORMONAL
CLANS
EMPATHY
WEBSITES
PROFESSION
GAZING

ENHANCE
CONFIDE
SELF-CONCEPT
IMPULSIVE
DOGMA
INSTANT
FORESIGHT
BINGE

Puzzle # 75

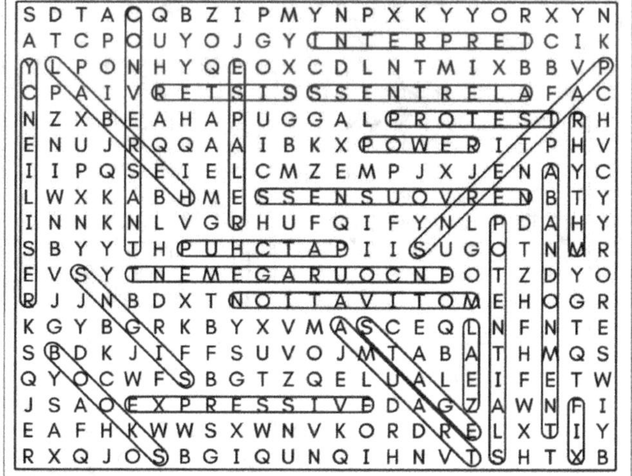

MOTIVATION
NERVOUSNESS
PROTEST
RHYTHM
INTERPRET
RELAPSE
STAGE
HERBAL

ZEAL
POTENTIALS
SISTER
ABANDONMENT
SIGNS
RESILIENCY
POWER
ALERTNESS

FIX
ENCOURAGEMENT
TRAUMA
BOOKS
CONVERSANT
PATTERNS
PATCH-UP
EXPRESSIVE

Puzzle # 76

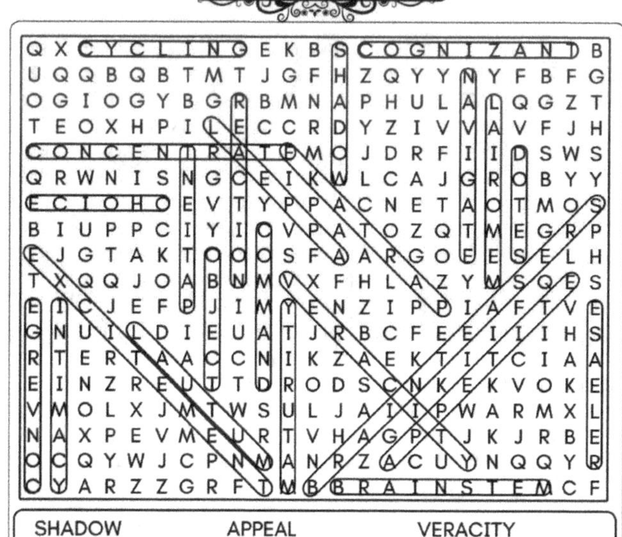

SHADOW
REACTION
EXCITEMENT
MEMORIAL
NAVIGATE
DOTES
OBJECT
PATIENT

APPEAL
BRAINSTEM
MUTUAL
APPETITE
INTIMACY
CONCENTRATE
COMMAND
CONVERGE

VERACITY
CYCLING
MATURITY
CHOICE
COGNIZANT
BRAINTEASERS
PARTAKE
RELEASE

Puzzle # 77

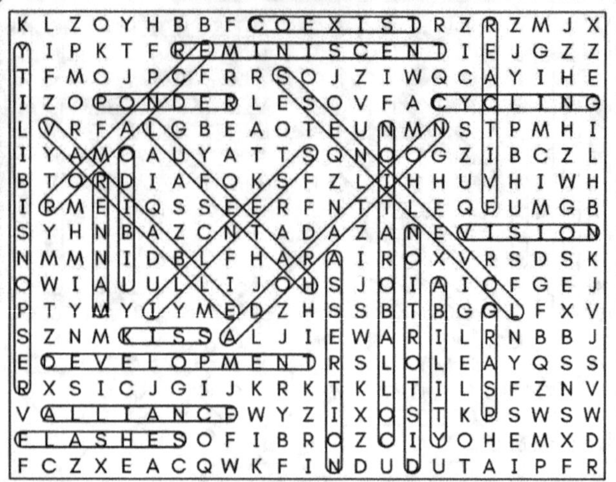

LIBIDO	COLLABORATION	REMINISCENT
MANNER	ASSERTION	KISS
LOVELINESS	VISION	ILLNESS
VARIABLE	ADORATION	PONDER
REACTIVE	ALLIANCE	COEXIST
GRASP	DISTORTION	FLASHES
DEVELOPMENT	HATEFUL	ROMANCE
ABILITY	RESPONSIBILITY	CYCLING

Puzzle # 78

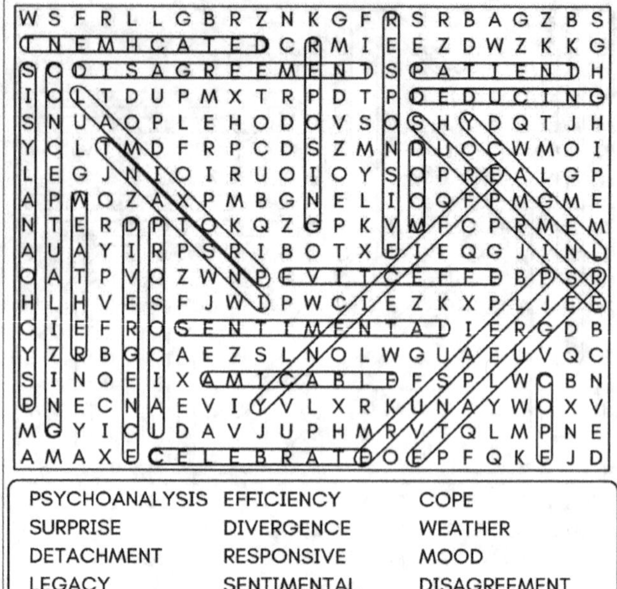

PSYCHOANALYSIS	EFFICIENCY	COPE
SURPRISE	DIVERGENCE	WEATHER
DETACHMENT	RESPONSIVE	MOOD
LEGACY	SENTIMENTAL	DISAGREEMENT
CONCEPTUALIZING	PROXIMAL	AMICABLE
REGULATE	PATIENT	DEDUCING
PLEASURE	REPOSING	CELEBRATE
PROSOCIAL	INSTANT	EFFECTIVE

Puzzle # 79

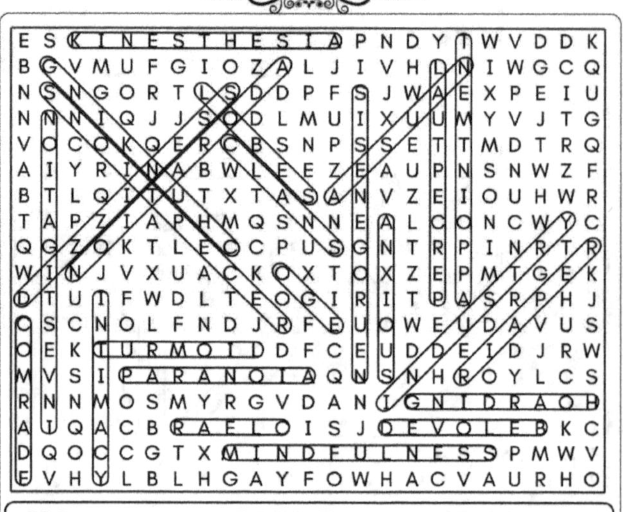

CONSCIOUS	DEVELOPING	FAMILIAL
NEUROSCIENCE	VERACITY	REGIMEN
DIVERGENCE	GUIDE	CREATIVITY
INTERACT	RECTIFY	MAP
TANDEM	AMBITION	MUTUAL
CONFIDE	PRESSURE	IDENTIFY
DEVELOPMENT	PEER	TRADITIONAL
INDIVIDUALITY	SENSITIVE	DEPENDENCY

Puzzle # 80

EGO	MINDFULNESS	ADORATION
CHUNKING	KINESTHESIA	PARANOIA
ANXIOUS	COMRADE	NEUROGENESIS
LOBES	HOARDING	DIZZINESS
BELOVED	INTIMACY	APPOINTMENT
CLANS	NAUSEA	RECEPTIONS
INDUSTRY	INVESTIGATION	REPAIR
PERCEPTUAL	CLEAR	TURMOIL